KB190824

말씀에 예스 하는 자녀 양육

세움북스 는 기독교 가치관으로 교회와 성도를 건강하게 세우는 바른 책을 만들어 갑니다.

말씀에 예스 하는 자녀 양육

묻고 답하다, 예스맘의 자녀 양육 스토리

초판 1쇄 인쇄 2024년 5월 1일
초판 1쇄 발행 2024년 5월 5일

지은이 l 소지희
펴낸이 l 강인구

펴낸곳 l 세움북스
등 록 l 제2014-000144호
주 소 l 서울시 종로구 대학로 19 한국기독교회관 1010호
전 화 l 02-3144-3500
이메일 l cdgn@daum.net

디자인 l 참디자인

ISBN 979-11-93996-02-7 (03230)

갈씀에
예스 하는
자녀양육

묻고 답하다, 예스맘의 자녀 양육 스토리

소지희 지음

세움북스

제가 생각하는 좋은 책은 이론적 지식이 많이 담긴 책이 아닙니다. 세상적 스펙과 이력이 뛰어난 저자가 집필한 책도 아닙니다. 제가 생각하는 가장 좋은 책은 두 가지 조건을 갖고 있습니다. 저자 자신이 삶으로 직접 살아 내고 한 페이지 한 페이지 자기 삶의 스토리로 꽉 채운 책입니다. 삶의 현장에서 직접 씨름하고 고민하고 부딪히고, 또 그 안에서 간절히 기도하고 주님과 동행하며 맺힌 '삶의 열매'를 말합니다.

그리고 또 다른 하나는 그 저자의 스토리가 상처와 결핍이 가득한 독자들의 삶과 만나서 '긍정적인 변화를 일으키는 선한 영향력'을 말합니다. 저자가 먼저 고민해 보고 아파 보고 이를 극복하기 위해 기도하며 돌파한 상처는 가슴 뛰는 사명이 되고, 마음이 상한 이들을 고치고, 할 수 있다는 용기를 줍니다. 또 스스로 자신의 한계를 긋고 현실에 억눌린 포로 된 사람들에게 자유와 깊은 위로를 줍니다.

그런 점에서 소지희 사모님의 첫 책은 하나님께서 기뻐하시는 성경적인 가정을 세우고 싶어 하는 부모들에게 꼭 필요한 가이드북이자 보배와 같은 책입니다. 소지희 사모님의 삶에 역사하신 하나님이 이제는 이 책을 읽게 될 많은 크리스천 부모의 삶에도 놀라운 변화를 일으키시길 기대하고 기도합니다.

✛ 전대진 _ 삶쟁이컴퍼니 대표, 《하나님 저 잘살고 있나요?》 저자

❧

매일 묵상과 가정예배로, 삶 가운데 말씀을 적용하여 늘 본이 되는 귀한 가정과 귀한 교회의 리더, 소지희 사모님의 메시지는 실질적이며 참 은혜롭습니다. 특별히 그 모든 지혜가 집대성된 이 책은 결혼을 준비하는 청년으로 시작하여 부모가 되어 가는 모든 분들에게 영적으로 건강한 가정을 세워 가는 올바른 지침서가 되어 줄 것입니다.

우리는 세상을 살아가며 완벽한 사람이 없음을 모두가 경험합니다. 그러나 날마다 시행착오를 겪으며 그 과정 가운데 완전하신 하나님을 발견하고 힘을 내는 믿음의 사람들이 있음도 경험합니다. 함께 시행착오를 겪도록 권면하고 위로를 주는 동역자와 같은 귀한 책을 통해, 하나님께서 기뻐하시는 가정으로 거듭나도록 모든 챕터 가운데 용기를 얻으시길 축복합니다! 할렐루야!

✢ 지선 _ 찬양 사역자, 건신대학원대학교 찬양인도학과 교수

❧

2021년, 첫 아이를 갖고 보니 세상에 육아법이 이렇게 많은 줄 몰랐습니다. 육아 전문가들이 쓴 육아서는 물론, 엄마들의 각종 육아법이 일분일초가 무섭게 SNS의 추천 영상으로 떴습니다. 모두 '정답'처럼 소개하지만, 어떤 사람은 '이 육아법이 맞다'라고 하고, 어떤 사람은 정반대의 육아법을 소개하며 '이 육아법이 맞다'라고 말하는 걸 보고 혼란을 느꼈습니다. 육아법의 유일한 정답은 '말씀 육아'였습니다.

조리원에서 나오고 현실 육아에 마주했을 때, 소지희 사모님이 이끄는 "말씀 읽는 아이들"을 접하게 되었고, 2기로 바로 참여하게 되었습니다. 그렇게 첫 아이에게 잠언을 읽어 주는 것을 시작으로, 2024년 지금까지 4세 첫째 아이와 2세 둘째 아이에게 말씀을 읽어 주고 있습니다. "말씀 읽는 아이들"을 통해 첫아이가 복음을 선포하고, 성경책을 펴서 자기의 말로 읽을

뿐더러 동생에게도 말씀을 읽어 주고 있습니다. 더불어 자녀에게 말씀을 읽어 주면서 부모인 제가 복음의 은혜를 더 누리게 되었습니다. 일찍이 소지희 사모님을 만나게 해 주신 하나님께 얼마나 감사한지 모르겠습니다.

본서를 읽으면서, 이 책이 크리스천 부모의 자녀 양육에 있어 좋은 길잡이가 될 것 같은 확신이 들었습니다. 왜 자녀 양육에 있어 복음이 필요한지, 왜 부모가 먼저 복음으로 거듭나야 하는지, 더 나아가 실질적으로 우리 아이에게 어떻게 복음을 알려 줘야 하는지 세세하게 나와 있습니다. 이 책을 읽으면서 하나하나 따라가다 보면 '가정 안에, 그리고 우리 아이들에게' 복음 문화가 잘 세워지고 복음으로 무장될 것입니다. 이 책으로 인해 '성경적 육아법'이 우후죽순처럼 뻗어 나가길 바라고 기대하며 이 책을 추천합니다.

✤ 박슬아 _ 사모, 두 아이의 엄마

🌿

종종 휴대폰 사진첩에서 아이의 1년 전, 2년 전 사진 리스트를 보여 줍니다. 소지희 사모님과 함께했던 "말씀 읽는 아이들_잠언 읽기", "신구약 성경 동화 스터디" 사진들이 보이는데, 오프라인 공예배와 성도들 간의 교제도 어려웠던 코로나 시절, '사모님 덕분에 신앙 교육을 이렇게 해올 수 있었구나' 싶어 감사한 마음이 가득합니다. 이렇게 한결같이 말씀에 기반한 신앙 교육의 길을 보여 주시고 참여할 수 있도록 격려해 주신 소지희 사모님의 책이 출간된다는 소식에 가슴이 벅찹니다.

결혼하기 전, 임신 출산 전에 이 책을 만났더라면 얼마나 좋았을까요! 이 책에는 믿음의 가정을 세우는 데 도움이 될 정보들이 가득 들어 있습니다. 사모님의 오랜 시행착오 끝에 얻어진 지혜의 정수가 담겨 있습니다. 결혼을 앞둔 예비 신랑 신부들의 혼수 필수품으로, 신앙 교육을 하고 싶고, 현재 하고 계시는 부모님들께도 적극 추천하고 싶습니다. 이 책이 대한민국 신앙 교육에 밝은 등불이 되어 줄 거라 확신합니다.

✤ 정다혜 _ 대전 온누리교회 집사

Contents

목차

Part 3. 본격적으로 시작하는 신앙 교육

Part 5. 복음이 무르익는 시간

Prologue
프롤로그

　균형 잡힌 그리스도인으로서 세상에서 빛과 소금의 역할을 감당하기 위해 가정 안에 복음이 바로 서는 것이 얼마나 중요한지 지나온 삶을 통해 뼈져리게 깨달았습니다. 그래서 '나부터 살자'라는 마음으로 저와 저희 가정을 위해 신앙 교육과 복음 안에서의 자녀 양육에 대해 공부하기 시작했습니다.

　저희 가정을 살리기 위해 경주마처럼 살아오다가 주변을 돌아보니 정말 많은 믿음의 가정들이 어려움을 겪고 있었고, 여기저기서 신음소리가 들리기 시작했습니다. 건강하지 못한 가정의 모습과 올바르지 못한 자녀 양육 또는 신앙 교육의 부재를 통해 아이들 안에 건강하지 못한 결혼관, 자녀관, 경제관, 가치관들이 자라고 있었습니다. 부모의 삶도 자녀의 삶도 고통 속에 있었습니다.

　사실 저도 어릴 때 원가정에서 올바른 신앙 교육을 경험해 보지 못했습니다. 그런데 하나님의 은혜로 하나하나 시행착오를 겪으며 세 자녀를 복음으로 양육하게 되었고 지금도 진행 중입니다. 삶의 결핍

가운데 하나님의 도우심과 은혜를 구하며 살았기에, 저는 '다음 세대를 위해서 제일 먼저 무엇이 필요할까', '가정을 건강하게 세우려면 무엇을 어떻게 해야 할까'를 꽤 오랜 시간 질문하며 생각해 왔습니다.

질문에 대한 답은 "가정 안에서 복음이 회복되고, 진정한 제자 양육이 부모와 자녀 세대 간에 일어나는 것이 필요하다"였습니다. 그런데 많은 분들이 교회 또는 목회자가 이 역할을 다 해 주길 원합니다. 누군가는 무임승차의 마음도 있습니다. 교회가 하나부터 열까지 모든 역할을 다 해 줄 수 없는데도 말이죠. 가정 안에서 복음이 회복되고 진정한 제자 양육이 이루어지기 위해서는 부모의 주도적인 마음과 자세가 필요합니다. 교회와 목회자는 복음을 바르게 가르치고 살아갈 수 있도록 도움을 주며 성도와 함께 유기적으로 가정을 세워 나가야 하는 책임이 있을 뿐입니다. 자녀는 하나님께서 부모에게 맡긴 기업이자 유업입니다.

다음 세대들에게는 많은 어려움이 있습니다. 친구들 사이에서의 왕따, 학교 폭력, 성 문제, 비성경적인 세계관으로 인해 다음 세대가 아파하고 있습니다. 다음 세대의 힘듦은 비단 그들만의 문제가 아니라 부모 세대에도 영향을 미칩니다. 그런데 이러한 문제를 해결하고 함께 안아 줄 1차 안전지대가 어디일까요? 바로 '가정'입니다. 가정은 하나님의 형상대로 지음받은 사람이 살아가는 가장 작은 공동체입니다. 하나님께서는 가정 안에서 서로 사랑하는 삶을 계획하셨습니다. 가정 안에서 그리스도 예수의 사랑과 용서로 인해 상처와 아픔이 치유될 수 있습니다. 복음의 능력으로 말이죠. 가정은 이 역할을 감당해야 합니다. 이를 위해 그리스도의 사랑과 은혜를 삶으로 전해 줄 부모 세대가 세워져야 합니다. 가나안 땅을 앞둔 이스라엘 백성들에게 하나님께서 하신 말씀을 기억하며 우리가 해야 할 일이 무엇인지 생각해 보면 좋겠습니다.

> 이스라엘아 들으라 우리 하나님 여호와는 오직 유일한 여호와이시니 너는 마음을 다하고 뜻을 다하고 힘을 다하여 네 하나님 여호와를 사랑하라 오늘 내게 네게 명하는 이 말씀을 너는 마음에 새기고 네 자녀에게 부지런히 가르치며 집에 앉았을 때에든지 길을 갈 때에든지 누워 있을 때에든지 일어날 때에든지 이 말씀을 강론할 것이며 너는 또 그것을 네 손목에 매어 기호를 삼으며 네 미간에 붙여 표로 삼고 또 네 집 문설주와 바깥 문에 기록할지니라 (신 6:4-9)

자녀와 가정, 그리고 교회를 세워 가기 위해서는 먼저 부모의 삶의 우선순위를 재조정하고, 빼앗겼던 우리의 마음과 삶의 중심을 하나님께 두어야 합니다. 이스라엘 민족이 전쟁에서 승리할 때 하나님께서 전리품과 사람들을 남겨 놓지 말라고 말씀하셨습니다. 왜 그러셨을까요? 다소 잔인하게 보이지만, 바로 그곳에 있는 우상과 그들의 문화를 경계해야 하기 때문에 명령하신 것입니다. 우리 또한 깊숙한 곳에 숨어 있는 우상을 발견하고 그 우상을 내려놓겠다는 결단을 해야 합니다. 때로는 그것이 우리에게 즐거움을 주는 문화이더라도 나 자신과 자녀를 위해 분별하고 바르게 가르치며 거절할 수 있어야 합니다. 그래야 우리의 다음 세대를 지킬 수 있습니다.

이 책은 믿음으로 자녀를 양육하는 부모님들의 질문에서부터 시작되었습니다. 자녀 양육의 본질은 무엇인지, 어떻게 하면 좋을지 마음을 다해 고민하는 분들이 주신 질문입니다. 그리고 그 질문에 대한 대답을 세 자녀를 양육해 왔던 리얼 간증과 함께 녹여 냈습니다. 질문에 답을 하며 집필하는 동안 제가 먼저 제 자신을 돌아보게 되었습니다. 그리고 또다시 복음 앞에서 '나부터 바로 서기'를 결단하게 되었습니다. 부디 이 책을 통해 하나님 말씀에 'Yes'(아멘) 하며, 나 자신부터 복음 안에 바로 서기를 결심하고 결단하는 분들이 가득 세워지길 소망합니다.

그리고 복음 안에 행복한 교회와 가정이 세워지길 예수님의 이름으로 기도하며 지금까지 격려해 주시고 기도해 주신 분들께 감사의 인사를 드립니다. 제 삶의 이유가 되어 주시고 언제나 어디서나 저와 동행해 주신 주님께 제일 큰 감사와 영광을 올려드립니다. 늘 희생과 헌신의 삶을 통해 자녀 양육의 책임을 다해 주신 저희 부모님께 감사드립니다. 이제는 두 분이 복음 안에서 행복한 삶을 누리며 살아갈 수 있기를 마음 다해 기도합니다.

하나님을 인격적으로 만날 수 있게 도와주신 시부모님께 감사드립니다. 말씀과 기도로 깨어 바르게 살아가도록 늘 가르쳐 주시고 이끌어 주신 것 감사드립니다. 사랑이 뭔지 잘 모르던 저에게 사랑을 마음으로 배우고 알아 가게 해 준 남편과 사랑하는 세 딸에게 너무나 감사합니다. 부족한 아내이고 엄마이지만 늘 최고라고 여겨 주고 사랑해 주어 감사합니다. 하나님의 돕는 배필로 서로 도우며 살아가자고 이야기하며 늘 먼저 섬겨 준 남편! 고맙습니다.

부족한 저희 부부가 은혜를 나누며 사역할 수 있도록 함께해 준 스토리처치 가족들, 온라인 통독팀 허니바이블 지체들에게 감사의 인사를 전합니다. 복음으로 살아가는 삶, 복음으로 세워 가는 공동체의 힘이 무엇인지 깨닫게 해 줘서 감사합니다. 늘 기도로 응원해 주신 대전 새힘교회 권사님들, 성도님들께도 진심으로 감사드립니다.

또 복음으로 살아가는 교회의 모습을 실제로 볼 수 있도록 배움의 기회를 주신 주님의은혜교회 강성환 목사님, 길미란 사모님께 감사드립니다. 값없이 나눠 주신 사랑과 복음에 큰 빚을 졌습니다. 거저 받은 대로 저도 나누는 삶을 살아가겠습니다.

정서적으로 건강한 사람으로 살아갈 수 있도록 저를 담아 주고 직면의 시간을 갖게 해 준 강근영 선생님과 4you 식구들에게 감사의 인사를 드립니다. 덕분에 힘든 시간을 잘 이겨 내고 건강한 내면을 가꿀 수 있었습니다.

원고도 없이 출판사를 찾아간 저를 믿어 주시고 항상 할 수 있다고 응원해 주신 세움북스 강인구 대표님, 부족한 원고를 다듬어 주시며 따뜻한 격려와 지지로 책을 완성할 수 있게 도와주신 류성민 과장님께 감사의 인사를 드립니다. 마지막으로 저와 함께 신앙 교육의 자라감을 함께해 주신 부모님들, 이 책의 출간을 기다려 주시고 기도로 함께해 주신 모든 분들께 깊이 감사드립니다.

Part 1

결혼을
준비하는
분들에게

Q.1. 결혼하기 전, 무엇을 준비해야 할까요?

| 결혼을 준비할 때 가장 중요한 것 |

사랑하는 사람과 결혼하려면 무엇을 가장 먼저 준비해야 할까요? 대부분 집이나 직업, 경제적인 부분을 떠올리시죠? 그 이유는 결혼을 앞두고 현실적으로 준비해야 하는 것이 돈과 긴밀하게 연관되어 있기 때문입니다. 물론, 우리가 살아가면서 돈 없이는 살 수 없으니까 결혼 생활을 위한 재정을 준비하는 것은 꼭 필요한 부분입니다. 필요를 외면한 핑크빛 사랑은 오래 유지될 수 없으니 말이죠. 그런데 재정만큼이나 꼭 준비되어야 할 것이 있습니다.

결혼식 준비와 결혼 준비, 이 둘의 차이점을 아시나요? '결혼식 준비'는 결혼 예식 과정을 준비하는 것을 말합니다. 양가 상견례부터 예식장, 드레스, 혼수, 신혼여행 등을 준비하는 것이죠. 그리고 '결혼 준비'는 결혼 이후에 거주할 집, 필요한 물건 등, 실질적으로 필요한 모든 것을 준비하는 것을 말합니다. 그런데 보통 결혼을 준비한다고 하면, 우리는 이 결혼식과 결혼의 외적인 부분을 보다 중요하게 생각하고 열심히 준비합니다. 정말 중요하게 준비해야 할 게 있는데 말이죠. 바로, 경제적인 것뿐만 아니라 평생을 함께 살아가고자 하는 남자와 여자가 서로를 이해하고 수용하면서 의사를 결정할 수 있는 결혼 생활을 준비하는 것입니다.

결혼을 해서 살고 계신 분들은 아마 공감하실 거예요. '아! 그때 내가 이걸 준비했어야 했는데…' 호화로운 결혼식을 치르고 얼마 되지 않아 성격 차이로 이혼하는 유명인들을 보면, 결혼식과 결혼 외적인 부분은 준비했을지 몰라도 결혼 생활을 준비하지 못한 경우가 대다수입니다. 그럼 어떻게 결혼 생활을 준비해야 할까요?

| 양파 같은 남자와 여자 |

'이 남자가 이런 사람이었어?' 연애 2년 차에 느낀 저의 고백이었습니다. 저는 대학 졸업 후 고향 전주를 떠나 지금 살고 있는 대전으로 오게 되었습니다. 대전에서 개척 교회 목사님의 아들로 신학교를 다니고 있었던 남편과 하나님의 인도하심으로 만나게 되었지요. 교회 근처에서 원룸 생활을 했던 저와 교회 근처 사택에서 살며 신학교를 다녔던 남편은 교회에서 공개 연애를 했습니다. 신학생과 예비 사모로서 스물네 살에 교제를 시작했습니다. 매일 예배를 드리는 교회를 다니고 있었기에, 남편과 매일 만나서 예배드리고 공동체 안에서 교제를 해 나갔습니다. 누구나 그렇듯이 처음 1년은 정말 좋았습니다. 눈에서 꿀이 뚝뚝 떨어졌습니다. 그런데 매일 만나는 시간이 2년이 되자 이 남자의 연약함이 보이기 시작했습니다. 쉽지 않았지만, 남편을 이해하려고 애쓰며 남편 그대로를 인정하면서 교제를 이어 갔습니다. 물론 저희 남편도 제 연약함이 보였겠죠? 그렇게 연애 5년 동안 서로를 알아 가고 수용하는 시간을 가졌습니다. 그리고 나서 결혼을 했는데, 결혼하고 보니 연애할 때 제가 알고 있던 모습과 다른 모습도 볼 수 있었습니다. 하지만 제가 본 모습들은 모두 제가 사랑하던 남편의 모습이었습니다. 연애 5년의 과정 동안 서로의 연약함을 보고 이해하며 맞춰 가는 과정이 없었다면, 벌써 법원에 다녀온 사이가 되었을지도 모릅니다. 그래서 결혼식만 준비했다가는 큰코다치는 일이 발생합니다.

| 꼭 준비해야 할 혼수품 |

결혼을 준비하는 데 제일 중요한 준비는 무엇보다 서로를 사랑하는 마음입니다. 우리는 예수님께서 죄인인 나를 이해하시고 용서하시고 사랑하신다는 것을 알고 있지만, 결혼 생활을 하며 남편을 이해하고 용서하고 사랑하는 것이 어려울 때가 참 많습니다. '이 사람 내가 알던 사람이 맞나?' 하는 의외의 모습 때문에 실망감을 느끼기도 합니다.

평생 살아갈 자신감이 바닥일 때도 경험합니다. 그래서 상대를 이해하고 수용한다는 것이 말처럼 쉽지 않습니다. 그러나 말로만 서로 사랑하고 이해하는 것이 아니라, 연약한 부분도 사랑하고 이해하는 것을 보여 주는 부부가 예수 그리스도 안에서 자라 가는 부부입니다. 복음으로 살아가는 부부의 모습이죠.

결혼을 준비한다는 것은 하나님께서 우리에게 주신 복음의 은혜를 인정하고 고백하는 것과 긴밀한 연결이 있습니다. 죄인 된 내 모습을 주님 앞에 고백해야 은혜 안으로 들어갈 수 있듯이, 죄인 된 내 모습을 배우자 앞에서 자존심을 세우지 않고 인정할 때 진정한 부부가 됩니다. 나의 죄인 됨을 인정하고 상대방의 죄인 됨을 인정할 때, 우리는 비로소 예수님 앞에서 같은 출발선 안에 있는 은혜가 필요한 자임을 고백하게 됩니다. 이렇게 되면 서로 안 맞아서 이해하지 못하는 남자와 여자가 아니라, 예수님 안에서 죄와 싸워서 이겨야 하는 동역자 관계가 됩니다. 결혼을 준비한다는 것은 내 안에 복음의 원리를 적용하고 살아가기를 준비하는 것과 같은 것입니다.

| 행복한 결혼 생활의 시작, 용서하기 |

저희 부부는 신혼 때 그리고 결혼 후 몇 년 동안 크게 싸운 적이 없었습니다. 문제가 생기면 서로 입을 다물고 침묵에 들어가기 때문에 먼저 화낼 일이 적었습니다. 그래서 싸움 자체가 일어나지 않았습니다. 그런데 하루는 제가 잘못한 일 때문에 다툼이 일어났습니다. 별거

아닌 문제라서 남편에게 미안하다고 사과하면 되었는데, 사과하지 않고서 버티고 있는 저를 발견했습니다. 결과적으로 이날도 잘못한 제가 사과를 하지 않고, 남편이 저에게 미안하다고 사과를 했습니다.

속으로는 '내가 잘못했는데 이 사람은 왜 나에게 미안하다고 사과를 하는 거야?'라는 마음이 있었지만, 모른 척하고 사과를 받아 주었습니다. 그 사건 이후로 저는 제가 사과를 하지 못하는 사람이라는 것을 알게 되었습니다. 남편에게 "미안해요"라고 이야기하는 게 이렇게 자존심이 상하는 일인지 처음 알았습니다. 하나님께서 제 이기적인 마음을 조명해 주셨고, '잘못했을 때는 사과를 하는 거야'라는 마음을 갖게 해 주셨습니다. 그때 이기적인 저의 모습을 인정하게 되었습니다. 처음에는 어려웠지만, 지금은 남편에게 미안하다는 말을 잘합니다. '그때와 지금의 차이점이 무엇이었을까?' 한참을 생각해 보다가 그 이유를 알게 됐습니다. 바로 '복음'에 있었습니다.

복음이 남편과 저와의 관계를 바꿔 놓았습니다. 하나님 앞에서 죄인인 나의 모습을 인정하고 고백하며 회개하자, 남편에게 미안하다고 말하는 것이 한결 쉬워졌습니다. 죄인인 것을 머리로는 알면서도 온전히 인정하지 못했던 제 모습을 하나님께서 보게 하셨습니다. "주님! 저는 죄인입니다. 주인에게 큰 빚을 탕감받은 자와 같이 저도 예수님께서 주신 죄 사함의 은혜를 남편에게도 나누어 줄 수 있음이 감사합니다." 누군가를 용서해야 할 때면, 늘 '만 달란트 탕감받은 자'의 말씀을 기억합니다(마 18:23-35). '나는 주인에게 가장 큰 빚을 탕감받은 사람이다. 그 누구도 용서하지 못할 사람은 없다.' 늘 복음을 기억하고 예수님의 마음을 기억하며 살아가려 노력합니다.

　사랑하는 배우자와 행복한 결혼 생활을 원하시나요? 그렇다면 먼저 예수님과 나의 관계를 돌아보며 예수님과 긴밀하게 연결되는 시간을 가지시길 바랍니다. 복음의 능력은 죄로 인해 어그러졌던 결혼 생활의 질서를 되찾아 줄 수 있습니다. 복음은 결혼 준비에 있어서 제일 먼저 준비해야 할 혼수품입니다.

| 구체적으로 준비해야 할 한 가지 |

　조금 더 구체적으로 이야기해 보겠습니다. 누군가를 간절히 기다리는 마음으로 시간을 보내 보신 적 있으신가요? 예수님을 기다리는 신부와 같은 모습으로 우리가 결혼을 준비하면 어떨까요? 기름을 준비한 다섯 처녀(마 25:1-3)처럼, 우리도 신랑 되신 예수님을 맞이하기 위해 기름을 준비하는 모습이었으면 좋겠습니다. 우리의 결혼 생활은 예수님께 연결된 결혼 생활이어야 합니다. 남편과 아내는 서로의 연결 이전에 예수님께 먼저 바르게 연결되어 있어야 합니다. 아무리 사랑하는 부부도 예수님 안에 연결되어 있지 않으면 어려움을 인간적으로 해결하려 하기 때문입니다.

　에베소서 5장 말씀에서는 남편과 아내가 서로 어떻게 그리스도 안에서 연결되고 무엇이 준비되어야 하는지를 이야기합니다.

아내들이여 자기 남편에게 복종하기를 주께 하듯 하라 이는 남편이 아내의 머리 됨이 그리스도께서 교회의 머리 됨과 같음이니 그가 바로 몸의 구주시니라 그러므로 교회가 그리스도에게 하듯 아내들도 범사에 자기 남편에게 복종할지니라 남편들아 아내 사랑하기를 그리스도께서 교회를 사랑하시고 그 교회를 위하여 자신을 주심같이 하라 (엡 5:22-25)

아내는 남편에게 주께 복종하듯 사랑할 준비가 필요합니다. 또 남편들은 아내 사랑하는 것을 그리스도께서 교회를 사랑하신 것처럼 헌신적으로 사랑할 준비가 필요합니다. 물론 둘 다 쉬운 일은 아니죠. 보통 이 이야기를 하면 아내들은 "남편이 저에게 존경할 수 있는 모습을 보여야 존경을 할 수 있는 거 아닌가요?"라고 반문합니다. 맞습니다. 저도 이런 물음을 자주 던졌습니다. 그런데 존경할 수 있어서 존경할 수 있는 사람은 이 세상에서 완전하신 분, 예수님밖에 없습니다. 그 외에는 아무리 훌륭해도 완벽히 훌륭할 수가 없습니다. 우리는 완벽하거나 훌륭해서 존경받고 사랑받는 존재가 아님을 기억할 필요가 있습니다. 예수님께서 우리의 죄를 보고 정죄하거나 판단하지 않으시고, 오히려 그 죄를 감싸 주셨습니다. 그리고 완전히 해결해 주셨습니다. 우리의 영혼을 긍휼하게 여기시고 사랑하셨듯이 우리도 그렇게 배우자를 바라보아야 합니다. 이것이 하나님께서 우리에게 말씀하신 결혼 생활에서의 사랑의 원리입니다.

은혜를 나누기 위한 질문 & 제안

1. 결혼 생활을 위한 혼수품이 '복음'이라는 것에 동의하시나요? 복음이 어떻게 어그러진 결혼 생활에 질서를 찾아줄 수 있을까요?

2. 아래의 말씀을 읽으며 예수님과 교회의 관계를 묵상해 보세요. 그리고 부부 관계를 돌아보는 시간을 가져 보세요.

   아내들이여 자기 남편에게 복종하기를 주께 하듯 하라 이는 남편이 아내의 머리 됨이 그리스도께서 교회의 머리 됨과 같음이니 그가 바로 몸의 구주시니라 그러므로 교회가 그리스도에게 하듯 아내들도 범사에 자기 남편에게 복종할지니라 남편들아 아내 사랑하기를 그리스도께서 교회를 사랑하시고 그 교회를 위하여 자신을 주심 같이 하라 (엡 5:22-25)

3. 부부 관계의 어려움을 용서와 이해, 배려를 통해 극복한 일화가 있다면 함께 나눠 보세요.

Q.2. 결혼 전, 서로 무엇을 확인하고 맞추는 노력이 필요할까요?

"부부가 되면 입맛도 닮아 간다"라는 말이 맞는 말이라는 걸 느낄 때가 있습니다. 짜장면에 고춧가루 뿌려 먹는 걸 좋아하고, 양식을 좋아했던 남편이 한식을 좋아하는 저를 만나 한식파가 되었습니다. 양식을 못 먹던 저는 남편을 만나 양식을 즐길 수 있는 사람이 되었습니다. 서로의 입맛을 맞춰 가듯, 부부는 성격, 신앙관, 교육관, 경제관 등 말씀 안에서 생각과 기준을 맞춰 가는 과정과 시간이 필요합니다.

| 가치관 ① 신앙관 |

"연애를 하고 있는데, 여자친구와 신앙 이야기를 한 번도 진지하게 나누어 본 적이 없어요"라고 이야기하는 청년들을 종종 봤습니다. 그리스도 안에서 만나 결혼을 고민하는데 신앙 이야기를 나누어 본 적

이 없다면, 이것은 진지하게 생각해 봐야 할 문제입니다. 신앙에도 색깔이 있기 때문이지요. 첫 연애를 했을 때 남자친구는 당시 제가 어려운 문제를 겪고 있음을 알았습니다. 제힘으로도, 남자친구의 도움으로도 해결이 안 되는 큰 문제여서 남자친구에게 기도원에 다녀오고 싶다고 말했지만, 극구 말리고 반대했습니다. 이전에 느끼지 못했던 신앙의 가치관이 다름을 느꼈습니다.

저는 이때 기도를 통해 제 인생을 돌보시는 하나님을 만났습니다. 남자친구의 말대로 '꼼짝 마'를 했다면 제 삶이 어떻게 되었을지 상상이 안 됩니다. 결국 첫 번째 연애는 이별로 마무리되었고, 그 계기로 저는 '하나님을 믿어도 다 같은 생각을 가지고 있는 게 아니구나'라는 깨달음을 얻게 되었습니다. 그래서 남편을 만나서 교제할 때는 각자의 신앙관을 나누고, 서로의 가치관을 공유하며 맞춰 나가는 시간을 오래 가졌습니다. 이 시간을 통해서 서로의 생각 차이를 좁히고 이해할 수 있었습니다. 기도와 관련된 것 말고도 신앙관은 다양한 면에서 차이가 있을 수 있습니다. 신앙의 가치관을 맞춰 나가는 일은 부부에게 매우 중요한 일입니다.

| 가치관 ② 재정관 |

돈에 대해 배우자와 이야기를 나누어 본 적 있으신가요? 크리스천이라면 하나님께서 주신 재정을 어떻게 사용해야 하는지 이야기를 나누는 게 필요한데요. 생각 외로 경제관이 일치하지 않아 갈등을 겪거

나 어느 한 사람이 참고 사는 경우가 많습니다. 종교적인 측면을 떠나서 기본적으로 배우자가 생각하는 물질(돈, 소유)에 관한 가치 기준이 어떠한지 알아보고 함께 맞춰 가는 시간이 꼭 필요합니다.

혹시 "네 돈은 네 돈! 내 돈은 내 돈!" 이렇게 각자 관리하며 살아가시나요? 크리스천 재무 상담사로서, 《돈 걱정 없는 크리스천》을 쓰신 김의수 소장님은 수많은 가정들의 재무 상담을 진행하면서 특별히 믿음을 가진 신혼부부들에게 신혼여행을 다녀와서 꼭 해야 할 세 가지를 제안한다고 합니다. 그 세 가지는 바로 QT, 가정예배, 통장 합치기입니다. 통장 합치기는 한 통장으로 가정의 돈을 합치는 것을 넘어서는 개념입니다. 김의수 소장님은 부부 중 한 사람은 돈을 관리하고 다른 한쪽은 돈의 흐름이 어떻게 흘러가는지 알지 못하는 것을 경계해야 한다고 합니다. 부부 중 어느 한 사람만 돈에 대한 정서적 압박과 불안을 느끼며 살아가는 것을 멈추고, 부부가 함께 예산을 세우고 예산안 안에서 자족하는 가정 경제를 이루어야 한다고 말합니다.

돈을 정말 잘 버는 남편분이셨는데, 아내에게 극히 소액만 주고서 생활비로 사용하라는 걸 보았습니다. 또, 결혼 20년 차가 지났지만, 경제가 어려우니 아내에게 주는 지원금을 줄여야겠다고 이야기하는 남편을 보고 깜짝 놀랐다고 이야기하는 아내분도 만나 봤습니다. '지원금'이라고 말하는 것이 너무나 충격이었다고 하더군요. "아니, 어떻게 부인인 나에게 그런 단어를 사용할 수 있는지, 이 남자의 생각을 제가 정말 알 수가 없어요"라고 울분을 토하셨습니다. 그러니, '내 일은 아닐 거야'라고 생각하지 마시고, 배우자가 될 분들과 또는 배우자와 함께 돈에 관한 바른 가치관에 대해 이야기 나누어 보시길 바랍니다.

> 크리스천에게 돈을 이기는 삶이란, 결국 세상과 영적 전투를 벌이는 삶이다. 그
> 것은 곧 예수 그리스도께서 십자가를 지신 것처럼 자기 부인의 고통이 따르는
> 싸움이다. 돈을 많이 갖고 싶어 하는 욕망 뒤에는 세상에서 자신을 세우고 싶은
> 욕심이 숨어 있다. 하나님이 주시는 것에 만족하지 않고 더 많은 것을 구하는 것
> 은 자신을 하나님보다 위에 두고자 하는 교만과도 통한다. 그러므로 크리스천이
> 돈을 관리할 때 돈을 어떻게 아끼고 저축할 것인가에 앞서 돈에 대한 바른 가치
> 관과 신앙관을 정립하는 것이 더 중요하다.[1]

| 가치관 ③ 자녀관 |

자녀관도 마찬가지겠죠? 요즘은 크리스천들도 자녀를 왜 낳아야
하는지에 대해 고민하는 분들이 많습니다. 하나님께서 말씀하신 생육
하고 번성하라는 축복의 원리를 현실적으로 받아들이기가 어렵기 때
문이지요. 그래서 자녀 없이 아내랑 행복하게 살고 싶다고 이야기하
는 청년들도 많이 봤습니다. (물론 다양한 이유로, 간절히 원함에도 불구하고
아이가 생기지 않는 분들 또한 많습니다.)

배우자가 될 상대와 자녀에 관한 가치관을 맞추는 노력이 필요합
니다. 결혼 생활에서 매우 중요한 영역이기 때문입니다. 크리스천에
게 결혼을 준비하는 것은 배우자와 함께 성경적인 기준으로 삶을 살

---

1 김의수, 데이비드 서, 《돈 걱정 없는 크리스천》 (서울: 두란노, 2017), 21.

아가려고 준비하는 과정입니다. 내 생각과 배우자의 생각을 하나님의 말씀에 두고서 조리개를 조절하는 시간입니다.

| 목회자 남편은 좀 다르지 않나요? |

남편이 목사님이라서 부럽다는 말을 종종 들을 때가 있습니다. 주로, 남편이 집에서 거룩하게 모범이 되는 삶을 보여 줄 거라고 기대하시는 분들입니다. 다들 아시다시피 목회자인 남편과 결혼해서 참 많은 유익이 제게 있습니다. 하나님을 바르게 알아 가고, 함께 믿음의 삶을 살아갈 귀한 기회를 얻었기 때문입니다. 어려울 때 기도해 주는 남편을 보면, 정말 든든하고 결혼 잘했다는 생각이 듭니다. 가족을 위해, 성도를 위해 말씀을 전하는 남편의 모습이 제일 멋있고 감동일 때가 많습니다.

이것 말고도 남편이 목회자이기 때문에 유익한 점을 말하라고 하면 수도 없이 많지만, 그렇다고 해서 목회자 남편이 늘 완벽하고 빈틈없이 거룩한 삶을 살아가는 것은 아닙니다. 사람이기에 부족한 점이 보이기 마련이지요. 그래서 제 눈에도 목사이기 이전에 남편으로 불평을 할 수 있는 모습들이 있습니다. "복에 겨운 소리 하고 있네요"라고 이야기하실 분들도 있을 수 있지만, 분명 현실은 그렇습니다. 목사 남편도 완벽하지 않습니다. 조금은 다를 수 있지만 사람은 거기서 거기입니다. 완벽하신 분은 예수님뿐입니다.

은혜를 나누기 위한 질문 & 제안

1. 배우자와 성경적 가치관을 바탕으로 이야기할 수 있는 시간을 가져 보세요. (자녀 교육, 부부 관계, 재정 관리, 부부의 성)

   ※ 책 추천

   자녀 교육: 강성환, 길미란, 《복음에 견고한 자녀 양육》 (세움북스, 2021)
   폴 트립, 《완벽한 부모는 없다》 (생명의말씀사, 2017)
   조엘 비키, 《하나님의 약속을 따르는 자녀 양육》 (지평서원, 2012)

   부부 관계: 존 파이퍼, 《결혼 신학》 (부흥과개혁사, 2010)
   홍장빈, 박현숙, 《끝까지 잘사는 부부》 (규장, 2017)
   문요한, 《관계를 읽는 시간》 (더퀘스트, 2018)

   재정 관리: 김의수, 데이비드 서, 《돈 걱정 없는 크리스천》 (두란노, 2017)
   김의수, 《돈 걱정 없는 크리스천 신혼부부》 (돈걱정없는우리집, 2019)
   크래그 힐, 얼 피츠, 《그리스도인의 재정 원칙》 (예수전도단, 2015)
   서창희, 《하나님의 투자 수업》 (생명의말씀사, 2023)

2. 아래의 말씀을 묵상하며, 그리스도 안에서 남편과 아내의 연결과 준비가 우리 가정 안에서 바르게 되었는지 생각해 보세요.

   아내들이여 자기 남편에게 복종하기를 주께 하듯 하라 이는 남편이 아내의 머리 됨이 그리스도께서 교회의 머리 됨과 같음이니 그가 바로 몸의 구주시니라 그러므로 교회가 그리스도에게 하듯 아내들도 범사에 자기 남편에게 복종할지니라 남편들아 아내 사랑하기를 그리스도께서 교회를 사랑하시고 그 교회를 위하여 자신을 주심같이 하라 (엡 5:22-25)

3. 남편에게 복종하는 것과 아내를 내 몸과 같이 사랑하면서 변화된 가정의 모습이 있다면 함께 은혜를 나누어 보세요.

Q.3. 결혼 후, 부모님과의 관계는 어떻게 하는 것이 좋을까요?

《가족의 두 얼굴》에서는 지나치게 의존적인 어머니와 아들, 아버지와 딸의 관계가 부모로부터의 독립과 분리를 어렵게 만든다고 이야기합니다.[2] 정신 분석을 연구한 정신과 의사이자 가족치료(Family Therapy) 이론가인 보웬(Bowen)은 건강하고 행복한 가족이 탄생하려면 반드시 필요한 것이 있다고 말합니다. 그것은 결혼한 두 남녀가 부모로부터 정서적으로 독립하고 분리되는 것입니다. 그는 부모와 안정적인 유대 관계를 유지하면서, 동시에 분리와 독립을 이룩한 두 남녀만이 행복한 결혼이 가능하다고 말합니다. 그럼 어떻게 자녀가 부모로부터 분리와 독립을 성공시킬 수 있을까요?

---

2 최광현, 《가족의 두 얼굴》(서울: 부키, 2012), 113-114.

보웬 교수는 분리와 독립이 부모가 자녀를 떠나보낼 때 가능하다고 주장합니다. 왜냐하면 자녀가 부모로부터 분리와 독립할 때 그 열쇠는 부모가 쥐고 있기 때문입니다. 즉, 부모가 자신의 결혼 생활에서의 외로움과 허전함, 실망감을 자녀를 통해서 풀려고 하면, 자녀는 더이상 자녀로 존재하지 못한다는 것입니다.

> 가족 상담사 보웬 교수는 주체의 독립성을 갖지 못하고 서로에게 심하게 의존하는 관계를 '공생 관계'라고 불렀다. 공생 관계 속에 있는 아들을 우리는 '마마보이'라고 부른다. 마마보이는 무엇보다 건강한 남성의 정체성을 확립하지 못한다. 어머니가 아들을 손아귀에 꽉 쥐고서 남자로 성장하기보다는 여전히 아들이기를 바라는 느낌을 전달하기 때문이다.[3]

> 파파걸의 아버지에게 딸은 배우자의 대용물이다. 아버지에게 딸은 아내가 되고, 딸에게 아버지는 때로는 남자의 대용물이 된다. 아버지는 딸의 요구라면 무엇이든 들어주려고 한다. 그럴수록 딸은 점점 아버지에 대한 의존도가 높아진다. (… 중략 …) 딸은 아버지에게서 벗어난 독립적인 삶을 살고 싶은 마음이 들 때마다 죄의식을 갖는다. 아버지의 지극한 사랑을 받은 파파걸은 남자를 사귀고, 한 남자의 아내가 되는 과정 자체를 힘들어한다. 남자에게서 자꾸만 아버지의 무한한 사랑을 찾으려 하기 때문이다. 또한 늘 마음속으로 아버지와 남편을 비교한다. 두 사람을 비교하면 언제나 승패는 뻔하다. 여자는 이런 경우에 아버지를 떠난 사실에 대해 죄책감을 갖고 그에 비례하여 남편에 대해서는

---

3 위의 책, 109.

| 필요 이상으로 실망한다.⁴

결혼은 부모로부터의 온전한 독립이 이루어지는 시간입니다. 주변을 자세히 살펴보면 부모로부터 경제적, 정서적, 신앙적, 육체적으로 건강하게 독립을 한 부부가 생각보다 많지 않습니다. 결혼은 했지만, 부모님에게 경제적으로 의지하는 자녀, 정서적으로 엄마와 떨어지지 못한 아들과 딸들과 같이 서로 의지하는 관계가 깊을수록 결혼 생활에 어려움이 찾아옵니다.

| 부부가 한 몸이 되려면 |

하나님께서는 창세기 2장 24절 말씀을 통해 "남자가 부모를 떠나 그의 아내와 합하여 둘이 한 몸을 이룰지로다"라고 말합니다. 남자뿐만 아니라 여자도 마찬가지죠. 결혼하면 모든 면에서의 건강한 독립이 필요합니다. 둘이 한 몸을 이룬다는 것은 육체적인 한 몸만을 이야기하는 것이 아니라 경제적, 정서적, 신체적, 영적인 한 몸을 말하는 것입니다. 결혼을 앞두고 있거나, 또는 결혼했지만 아직 이 부분에 대해 생각해 본 적이 없으시다면, '나는 건강하게 각각의 영역에서 부모님과 독립할 준비가 되어 있는가?' 혹은 '독립되었는가?'라는 질문을 던져 보시기 바랍니다.

----

4 위의 책, 112-113.

앞에서도 이야기했지만, 부모가 자녀를 독립시키는 것은 꽤 어려울 수 있습니다. 내 손과 사랑으로 키운 자녀가 성인이 되었을 때, 자녀를 놓아 주기 어렵다고 하는 부모님들이 참 많습니다. 특히 한국 정서에서 자녀 양육은 일정 나이가 되었을 때 건강한 독립을 시키는 것이 아니라, 노년이 되어도 자식을 내 품에 안고 돌봐야 하는 대상으로 여기는 숙제이기도 합니다. 부모의 역할을 성실히 감당해야 하는 것은 맞지만, 자녀가 성인이 되면 부모의 역할도 바뀌어야 함을 기억해야 합니다.

또 건강하지 못한 부부 관계로 인해, 자녀에게 배우자의 대리인 역할을 기대하고 있는 경우도 많습니다. 자녀의 분리와 독립은 부모가 자녀의 전반적인 생활 방식을 존중하고 이해해야 가능합니다. 그만큼 자녀가 건강한 분리와 독립을 가능하게 하는 데는 부모의 역할이 큽니다. 건강한 독립이 되지 않으면 자녀도 계속적으로 부모를 의지할 수밖에 없습니다. 결과적으로 이 의지가 결혼 생활에서 부부 사이의 틈이나 갈등을 만들어 냅니다. 배우자와 결혼은 했지만, 첫 번째 배우자는 부모님이고 진짜 배우자는 두 번째 배우자가 되어 결혼 생활을 해 나가는 경우가 많습니다. 다시 한번 성경 말씀을 기억해 봅시다.

남자가 부모를 떠나 그의 아내와 합하여 둘이 한 몸을 이룰지로다 (창 2:24)

남자든 여자든 배우자와 합하여 한 몸을 이루어 가는 과정이 반드시 있어야 합니다. 지난 세월 동안 부모와 자녀 관계가 너무도 당연하게 연결되어 있어 건강한 분리가 어려운 가정도 있겠지만, 평생 이 어려움에 시달리며 살지 않으려면, 바르게 보고 잘못된 부분은 고쳐야 합니다. 결혼을 한 부부가 연결되어야 할 첫 번째 대상은 예수님이고, 두 번째는 부부입니다. 그리스도 안에서 서로가 서로에게 건강한 책임을 질 수 있는 부부가 될 수 있기를 바랍니다.

 은혜를 나누기 위한 질문 & 제안

1. 우리 가정은 부모님으로부터 건강한 독립을 이룬 가정인가요?

2. 창세기 2장 24절 말씀을 기억하며, 건강한 분리와 독립을 위해 어떤 노력이 필요한지 생각해 보세요.

3. 부모님과의 유대 관계를 잘 맺으며, 건강한 분리와 독립을 해 나간 경험을 함께 나누어 보세요.

Part 2

부모가 되는 것도
공부가 필요해요

Q.4. 결혼하면
자녀를 꼭 낳아야 하나요?

'N포 세대'라는 말이 생길 정도로 요즘 2030 세대는 포기할 게 많습니다. N포 세대는 N가지를 포기한 세대를 말하는 신조어입니다. 처음에는 삼포 세대로 시작해서 다섯 가지, 일곱 가지로 늘어나 N포 세대라는 개념이 생겨났습니다. 가장 간단한 삼포 세대는 연애, 결혼, 출산 3가지를 포기한 세대를 말합니다. 집과 경력을 포함하면 5포 세대가 됩니다. 여러분은 어디에 속하시나요?

대한민국의 2030 세대 젊은이들은 치솟는 물가, 취직난, 집값 등 경제적, 사회적, 심리적 압박으로 인해서 연애와 결혼을 포기하는 이들이 많습니다. 또 결혼하고 나서도 아이가 부담되어 낳지 않으려는 '딩크족'이 되기도 합니다. 이런 상황 속에서 "결혼하면 자녀를 꼭 낳아야 하나요?"라는 질문이 그리 낯설지만은 않습니다. 신혼을 즐기기 위해, 경제적인 부담을 지고 싶지 않아서, 삶을 살아가는 데 아이가 짐이 되기 때문에, 그 밖의 여러 가지 이유로 자녀를 낳고 양육하는 일을 주저합니다. 결혼을 하기에 앞서 현실적인 벽이 너무 높은 것 같아 이 시기를 앞둔 청년들을 보면 안타까울 때가 많습니다.

| 결혼 과정에서 누린 은혜 |

10년 전, 저희 부부가 결혼식을 준비할 때 저희에게 있던 돈은 1,000만 원이 전부였습니다. 결혼식 경비, 신혼여행, 혼수 등 집을 마련하는 비용 외의 모든 것을 이 안에서 해야 했습니다. 그래도 5년을 연애하며 반대에 부딪혔던 결혼을 허락받았기에 너무 기쁘고 행복했습니다.

결혼식을 준비하며 알게 되었습니다. 하나님께서 저희가 결혼하는 과정에서 참 많은 돈을 아끼게 해 주시고 돕는 사람들을 붙여 주셨다는 것을요. 결혼식장도 그 당시 오픈한 넓고 좋은 홀이었는데, 오픈 특가로 정말 저렴한 가격에 스·드·메 및 촬영까지 다 할 수 있었습니다. 몇 군데를 돌아다녀 봐도 그 가격에 할 수 없었습니다. 혼수를 장만할 때는 수업하는 어머님의 도움으로 말도 안 되는 가구 세일을 받았습니다. 관련 업계에서 일하고 계시기도 했지만, 마음에 감동이 오신다며 좋은 가구 사장님을 소개시켜 주셨습니다.

신혼여행은 제주도로 다녀왔습니다. 숙소는 왕년에 호텔에서 일하셨던 아버님께서 직장 동료분께 부탁해 좋은 호텔에서 묵을 수 있었습니다. 걱정도 있었지만 가진 예산 안에서 다 하고 부족함이 없도록 주님께서 채워 주셨습니다. 남편이 전도사 사역만 하다가 일을 한 지 몇 개월이 안 되었기에, 은행에서 전세 자금 대출이 어렵다고 했는데, 일정 부분 대출도 나왔습니다. 집을 구할 수 없는 상황에서 집을 구할 수 있게 된 것은 놀라운 주님의 은혜였습니다. 주님의 방법은 늘 우리의 생각을 뛰어넘는다는 걸 결혼을 준비하며 깊이 경험하였습니다.

| 생육하고 번성하는 축복 |

우리가 살아가는 현실은 힘든 것과 부족한 것을 더 강조합니다. 자유와 자기만족을 따라 살아가도록 우리를 이끕니다. 하나님의 말씀을 따르기보다는 편안한 삶을 사는 것이 가치 있다고 여기게 만듭니다. "많은 사람들이 그렇게 하니까 너도 그렇게 해야 해"라고 이야기하지요.

믿음의 눈을 들어 삶을 보기보다 현실의 벽 안에 갇히도록 만듭니다. 우리는 믿음의 눈으로 세상을 바라보는 힘을 길러야 합니다. 현실 너머에서 우리를 도우시려 준비하시는 하나님을 만나야 합니다. 하나님은 창세기 말씀을 통해 우리에게 생육하고 번성하는 축복에 대해 하나님의 관점을 이야기하십니다.

하나님이 그들에게 복을 주시며 하나님이 그들에게 이르시되 생육하고 번성하여 땅에 충만하라, 땅을 정복하라, 바다의 물고기와 하늘의 새와 땅에 움직이는 모든 생물을 다스리라 하시니 (창 1:28)

태초부터 지금까지 하나님은 사람을 만드시고 생명을 주시는 일에 열심이셨습니다. 그분은 자신의 모든 것을 다해서 우리를 양육하시는 분이십니다. 요즘 세대가 자녀 양육을 고민하는 가장 큰 이유는 많은 대가의 지불이 필요하기 때문입니다. 어렵게 들어간 직장과 내 커리어를 자녀를 낳고 기르는 것 때문에 포기해야 할지 말아야 할지 고민합니다. 물론 저도 그랬습니다. 자녀를 양육하는 것이 대가 지불을 할 만큼 유익하고 필수적인가를 고민하는 것은 정죄감을 가져야 할 부분이 아닙니다. 그런데 한 가지를 더 생각해 보면 좋겠습니다. 우리가 자녀 양육에 대해 고민하고 계산하는 부분에 있어서 세상에서 가장 큰 대가 지불을 하신 분이 계십니다. 바로 우리 예수님이십니다.

예수님은 죄인인 나를 위해 하늘의 보좌를 내려놓으셨습니다. 죄인인 우리를 위해서 이 땅 가운데 오셨지요. 그리고 가장 낮은 모습으로 우리를 섬기셨습니다. 죽기까지 사랑하면서 우리를 위해 생명을 내어 주셨습니다. 물론 자녀 양육이 쉽지는 않습니다. 돈도 들고 노력도 필요하고 마음고생도 합니다. 시간 대비 투자 효과가 높은 일이 아닌 것도 인정합니다. 평생을 걸쳐서 투자했지만, 결과물이 만족스럽지 않을 수도 있습니다. 저도 세 아이를 키우면서 힘들다는 생각을 참 많이 했습니다. 그런데 아이들을 양육하면서 정말로 중요한 진리를 깨달았습니다. 자녀 양육이라는 과제를 가지고서 하나님 앞에 나아가는 시간 동안 하나님의 사랑을 더 깊이 깨닫게 된다는 것이었습니다. 우리를 향한 그분의 사랑을 더 깊이 알 수 있는 통로가 바로 자녀 양육의 시간이기 때문입니다.

스물여덟 살, 5년의 연애 끝에 사랑하는 남편과 드디어 결혼을 했습니다. 정말로 감사하게, 결혼하고서 바로 첫째 아이를 가지게 되었습니다. 결혼도, 임신도, 육아도 공부가 필요하다는 것을 몰랐던 그때… 말로만 들었던 입덧 지옥을 겪었습니다. 공복 상태가 오면 입덧이 시작되서 쉬지 않고 먹을 것을 입에 넣었습니다. 헛구역질도 수시로 했죠. 배가 불러 오자 숨쉬기가 힘들어지고, 예배 시간에 앉아 있기도 불편해졌습니다. 밤에 무거운 몸을 빙그르 돌려서 침대에서 나와 화장실을 왔다갔다 해야 하는 것도 아이를 임신하고 처음 알았습니다. 학교에서 가르쳐 주지 않았던 진짜 삶의 공부가 시작되었습니다. 그리고 대망의 첫째 출산일, '살면서 이렇게 아픈 적이 있었나?' 싶을 정도로, 출산 일기에서 봤던 대로 정말 별이 세 개가 보이고 죽을 것 같은 지점을 지났을 때, 마침내 아이의 울음소리가 들렸습니다. 말로는 설명이 안 되는 고통의 시간이었습니다. 간호사 언니가 배를 누르는 것도 충격이었고, 모든 과정이 충격이었던 첫 번째 출산이었지요.

그런데 놀라운 것은 첫 번째 모유 수유를 하기 위해 아이를 품에 안았을 때 아이의 눈빛을 아직도 잊을 수 없다는 것입니다. 아이를 안은 순간 몸이 아픈 것을 잊어버렸습니다. 품에 안은 아이의 눈에서는 반짝반짝 별이 쏟아지고 있었습니다. 2.38kg로 작게 태어나 저를 의지하고 있는 아이를 보며 느꼈습니다. '내가 정말로 엄마가 되었구나.' 엄마가 된 기쁨은 말로 헤아릴 수 없었습니다. 몸은 회복이 덜 돼서 아팠지만, 그 작은 아이가 보고 싶어 계속 곁에 두고 싶은 것이 엄마의 마음이라는 것도 알게 되었습니다.

첫째 아이를 낳고 나서 비로소 부모님의 마음을 알았습니다. 아직도 부족하지만, 조금씩 알게 되었습니다. 그리고 나를 만드시고 지금껏 이끌어 주신 하나님이 아빠로서 마음 깊이 느껴졌습니다. 출산 후 병원에서 부모님께 전화를 하는데 눈물이 났습니다. 아직 아이 키우는 고생은 시작도 안 했는데 부모님의 마음이 조금 느껴졌습니다. 그렇게 하나님께서 주신 사랑을 배워 가는 자녀 양육의 시간에 참여하게 되었습니다. 고생의 문이 열렸지만, 고생을 통해서 나를 향한 하나님의 사랑을 더욱 깊이 느끼고 배워 가는 시간이었습니다. 자녀 양육을 통해 인내, 사랑, 온유, 친절, 감사, 충성 등 성령의 열매를 알아 가며 성숙한 삶을 배워 가고 있습니다. 사람이 되어 가고 있습니다. 정말로 하나님의 은혜가 아니면 부모로서 살아갈 수 없음도 깨닫습니다. 그리고 제가 하나님 없이는 안 되는 사람이라는 것도 아이를 키우며 더 절실히 느꼈습니다.

지금도 매일 이 과정을 반복하지만, 결코 후회는 없습니다. 고생보다 행복과 유익이 훨씬 더 큰 것이 자녀를 양육하는 삶인 것을 알아 버렸기 때문입니다. 자녀를 낳고 양육하며 살아갈 수 있는 것이 하나님께서 주신 복이었습니다. 자손을 주시고 번성하게 하신 하나님의 계획은 우리를 힘들게 하고 평생의 짐을 주려는 것이 아니었습니다. 은혜와 복을 깨닫게 하시는 놀라운 하나님의 섭리였음을 고백합니다.

오늘도 자녀를 양육하며 깨지고 엎드리고 배우면서 하나님을 더 가까이하게 됨을 고백합니다. 자녀 양육은 하나님께서 우리에게 주신 가장 큰 복입니다.

보라 자식들은 여호와의 기업이요 태의 열매는 그의 상급이로다 (시 127:3)

우리는 자녀 양육을 통해 하나님께서 나를 얼마나 사랑하시는지 깨닫는 삶을 살아갈 수 있습니다. 결국 자녀 양육은 하나님을 알아 가는 과정이고, 십자가 사랑을 배워 가는 과정입니다. 자녀 양육이라는 소중한 시간을 통해 하나님과 함께하며 그분의 섭리를 알아 가는 기쁨을 누릴 수 있습니다. 자녀 양육은 돈 주고도 할 수 없는 공부입니다. 생육하고 번성하라는 주님의 메시지 뒤에는 놀라운 은혜와 축복이 숨겨져 있었습니다. 주님이 진짜 나의 주님 되심을 알아 가는 과정, 복음의 은혜를 마음 깊이 누리고 알아 갈 수 있는 소중한 시간이 자녀 양육의 시간임을 깨닫길 원합니다.

1. 자녀 양육을 통해 하나님의 사랑을 깨닫고 있나요? 인내와 온유와 오래 참음, 사랑, 친절의 열매를 맺고 있나요?

2. 자녀는 하나님께서 부모에게 주신 기업입니다. 시편 127:3 말씀을 묵상하며 하나님께서 내게 주신 기업을 어떻게 운영하고 있는지 점검해 보세요.

3. 자녀를 갖지 않아야겠다고 생각하거나, 자녀 양육이 버거운 짐으로 느껴지는 분들이 있으신가요? 책을 읽고서 어떤 마음과 생각의 변화가 있는지 적어 보세요.

Q.5. 아이를 보느라 너무 힘들어서 말씀을 소홀히 하게 되고 예배에 집중하기도 어려워져요

| 아이를 낳고 놓친 나의 영성 |

"눈에 넣어도 안 아픈 내 새끼"라는 말이 있습니다. 이 말은 아이를 낳아 보면 이해가 됩니다. 진짜로 엄마가 되는 순간, 내 아이가 태어나서 품에 안기는 그 순간부터 엄마는 새롭게 태어납니다. 내가 이 아이의 보호자가 되어 내 몸이 부서질 듯 아파도 한밤중에 아이의 울음소리를 듣고 2시간 간격으로 수유를 하게 되죠. 사실 대부분은 엄마가 된다는 것이 이런 힘듦과 책임을 포함한다는 것을 잘 알지 못하고 시작합니다. 어느 정도는 알고 시작하더라도, 실제 체감해 보면 '이런 거였어?'라고 놀라게 되죠. 그렇게 엄마가 되어 아이가 스스로 밥을 먹고, 옷을 입고, 숙제를 할 수 있을 때까지 온 정성을 쏟게 됩니다. 당연히 엄마는 자기 자신을 돌볼 시간이 혼자 있을 때만큼 충분하지 않

습니다.

만약 타고 있던 비행기가 추락하게 되어 산소 호흡기를 한 명에게
만 줄 수 있다면, 엄마와 아이 중 누구에게 씌워 주어야 할까요? 바로
엄마입니다. 엄마가 죽으면 아이를 살리기 어렵지만 엄마가 살면 아
이도 살릴 수 있는 확률이 높아지기 때문입니다. 자녀 양육에서도 마
찬가지입니다. 부모이기 이전에 우리는 하나님의 자녀입니다. 포도나
무는 가지에 붙어 있어야 영양분을 받고 자랄 수 있습니다. 아이를 낳
아 너무 예쁘고 기쁘지만, 하나님과의 관계를 소홀히 하게 되면 정작
나누어 주어야 할 사랑을 아이에게 전해 주기가 어렵습니다.

그리스도인의 자녀 양육은 하나님의 은혜를 자녀에게 삶으로 보여
주는 일입니다. 단순히 말씀을 암송하고 말씀을 읽고 지키는 것이 전
부가 아닙니다. 삶으로 복음이 무엇인지 알려 주고, 하나님의 은혜를
깊이 느낄 수 있도록 사랑으로 섬기는 일입니다. 그렇게 하려면 아이
를 소중히 여기는 만큼 내 영과 하나님과의 관계를 소중히 여겨야 합
니다. 이 관계가 단절되면, 지극히 인간적인 모습의 사랑조차도 일관
적으로 주기 어려운 자가 바로 사람이기 때문입니다.

| 삶의 최고 우선순위 |

첫째 아이를 낳고 제 안에는 온통 아이뿐이었습니다. 말로는 하나
님이 1번이었지만, 제 삶을 돌아봤을 때는 아이가 1번이었습니다. 신
생아라 엄마의 돌봄이 절대적으로 필요했지만, 하나님과 교제할 시간

은 분명히 있었습니다. 그런데 저는 아이에게 더 집중했습니다. 우선순위가 뒤바뀌었다는 사실도 인지하지 못했습니다. 몇 개월이 지나고 체력도 의지도 감정도 바닥을 찍었습니다. 그제야 알았습니다. 제 삶에 무엇이 빠져 있었는지를요. 무엇이 1번이 되어야 하는지 말이죠. 제 안에 하나님 말씀의 은혜가 줄어드니 피곤한 일상이 더 피곤해졌습니다. 그렇게 사랑스러웠던 아이에게 웃어 주며 사랑을 주는 게 힘들어졌습니다. 새벽에 수유하는 것도 너무 힘이 들었습니다. 예민하게 잠을 자지 않을 때면 사랑으로 안아 주기 어려워서 그 작은 아이를 안고 울었습니다. 하나님의 말씀과 은혜를 소중히 여기지 못하자 산후 우울증이 찾아왔습니다.

아이를 돌보느라 힘든 건 엄마의 몸과 영혼입니다. 육아를 하며 몸이 힘들지 않은 부모는 없습니다. 당연한 거죠. 그런데 그 힘듦을 어떻게 관리하는지에 따라 결과가 달라질 수 있습니다. 체력이 약하면 운동을 통해 체력을 보충해야 하죠? 밥도 잘 먹어야 하고요. 이렇게 육아에서는 체력이 중요합니다. 그런데 영적인 체력을 관리하는 일은 더 중요합니다. 우리가 매일 밥을 먹듯이 우리의 영도 하나님의 말씀을 읽고 예수님과 연결되어야 영적인 체력이 보충됩니다. 하나님의 영이 우리 안에서 살아 움직이도록 하려면 자동차에 기름을 넣어 주듯 말씀과 복음의 은혜를 우리 안에 머무르게 해야 합니다. 왜냐하면 우리는 말씀으로 지어졌고, 하나님의 은혜에 반응하도록 디자인되었기 때문입니다. 가장 결정적으로, 하나님의 말씀에는 능력이 있기 때문입니다.

하나님의 말씀은 살아 있고 활력이 있어 좌우에 날선 어떤 검보다도 예리하여 혼과 영과 및 관절과 골수를 찔러 쪼개기까지 하며 또 마음의 생각과 뜻을 판단하나니 (히 4:12)

| 일상 예배의 문이 열리다 |

자녀를 양육하고 있으신가요? 그렇다면 영육 간에 체력 관리를 반드시 해야 합니다. 의무감에 형식적으로 말씀을 읽지 말고, 복음을 기억하며 말씀을 읽어 보세요. 죄인인 나를 위해 십자가를 지신 그분의 은혜와 사랑이 말씀 가운데 가득 녹아져 있습니다.

혼자일 때는 몰랐는데, 아이를 갖고 나서 하나님께 예배를 드리고 기도하는 자유로운 일상의 소중함을 깨닫게 되었습니다. 혼자일 때는 예배드리는 것도 너무 쉬웠습니다. 그래서 오히려 예배의 시간에 다른 것을 하고 싶어 눈을 밖으로 돌릴 때도 많았습니다. 어떻게 하면 하루만이라도 예배를 쉴 수 있을까 솔직히 고민해 봤습니다. 하지만 아이를 임신하고 배가 무거워질 때쯤 조금 느꼈습니다. 몸이 무거우니 예배에 집중하는 게 어려워졌다는 것을요. 그런데 이것도 배부른 소리였다는 걸 아이를 낳고 알았습니다. 혼자서는 아무것도 할 수 없는 아이를 돌보며 예배를 드리고, 기도의 자리에 나아가서 주님과 교제를 나누고 싶은 시간도 이제는 욕심이라는 걸 깨닫게 되었습니다. '그때의 가벼움과 자유로움은 이제 쉽지 않겠구나. 이제 어떻게 하지? 하나님과의 교제를 놓을 수 없는데….'

고민 끝에 아이와 함께하는 일상에서 하나님을 찾기 시작했습니다. 아이를 양육하며 새롭게 하나님께 나아가는 법을 배웠습니다. 젖병을 소독하며, 빨래를 개면서 말이죠. 엄마만 보면 방긋 웃는 아이를 보면서, 나도 하나님을 바라보며 저렇게 순수하게 웃는 딸이 되고 싶다는 기도를 드리게 되었습니다. 하나부터 열까지 너무 예쁜 아이를 통해 하나님이 얼마나 나를 사랑하시고 예뻐하시는지를 깨닫게 되었습니다. 그리고 늘 그렇게 사랑을 주시는 하나님이 얼마나 소중한지 마음 깊이 느꼈습니다. 육체적으로는 예배의 자리에 참여할 기회가 적어졌지만, 삶의 예배의 문이 열렸습니다. 하나님의 사랑을 더욱 깊이 알게 되는 시간이 바로 자녀 양육의 시간이었습니다.

하나님께서 일상의 시간 속에서 매일 나와 동행하시는 분이심을 깨달으니, 힘들고 무거운 마음들이 조금씩 정리가 되기 시작했습니다. 물론 이 과정이 늘 쉽지만은 않았습니다. 그렇지만 아이와 함께 삶을 예배로 드리는 날이 늘어났습니다. 아이의 낮잠 시간에, 아무리 피곤해도 하나님의 말씀을 읽고 묵상하며 오늘도 충만한 은혜를 주시는 하나님을 붙잡았습니다. 저는 밤중 수유로 16개월까지 모유 수유를 했던 첫째를 안고 새벽 예배를 나갔습니다. 졸음을 참기 어려웠던 청년 때와는 달리, 아이를 안고 기도하는 새벽 시간이 너무 아까워서 잠이 오지 않았습니다.

하나님은 하나님을 간절히 찾는 자들을 만나 주십니다. 그리고 깊으신 하나님의 임재 가운데로 초대하십니다. 아이를 키우며 하나님을 예배드리는 삶을 뒤로 미루고 계신다면, 이제는 핑계가 아니라 하나님 앞에 나아가야 할 이유로 삼아야 합니다. 하나님께서 내게 주신 예배자의 자리, 부모의 자리 그 책임과 사명을 기쁘게 감당할 힘을 얻기 위해서 말이죠!

주님은 언제나 우리를 기다리십니다. 주님은 우리에게 당신의 온전하신 의의 옷을 입혀 주셨습니다. 죄인인 우리는 우리의 힘으로 의인이 될 수 없습니다. 어떤 노력을 해서도 말이죠. 그런데 겸손하게 십자가에 돌아가심으로 우리에게도 그 의의 옷을 입혀 주셨습니다. 천국을 소망하는 구원받은 자로 살게 해 주셨습니다. 이 놀라운 구원의 은혜와 죄 사함의 은혜를 기억하며 날마다 나에게 복음을 선포해야 합니다. 이 과정이 지속적으로 이루어졌을 때, 삶에서 말씀으로 힘을 얻고 복음의 기쁨을 회복하면서 자녀를 양육하는 일도 힘을 얻게 됩니다. 지친 몸과 마음에 주님께서 이겨 낼 힘을 주시기 때문입니다. 자녀 양육에서 제일 먼저 필요한 것은 엄마의 은혜의 그릇을 채우는 일임을 잊지 마세요.

여호와의 율법은 완전하여 영혼을 소성시키며 여호와의 증거는 확실하여 우둔한 자를 지혜롭게 하며 여호와의 교훈은 정직하여 마음을 기쁘게 하고 여호와의 계명은 순결하여 눈을 밝게 하시도다 (시 19:7-8)

은혜를 나누기 위한 질문 & 제안

1. 아이를 낳기 전과 후의 나의 신앙의 현주소를 점검해 보세요. 우선순위를 어디에 두고 있는지 생각해 봅시다.

2. 아래의 말씀을 읽고, 예수님과 연결된 삶이 부모에게 얼마나 중요한지 생각해 보세요.

   내 안에 거하라 나도 너희 안에 거하리라 가지가 포도나무에 붙어 있지 아니하면 스스로 열매를 맺을 수 없음 같이 너희도 내 안에 있지 아니하면 그러하리라 나는 포도나무요 너희는 가지라 그가 내 안에, 내가 그 안에 거하면 사람이 열매를 많이 맺나니 나를 떠나서는 너희가 아무것도 할 수 없음이라 (요 15:4-5)

3. 아이와 함께 삶의 예배를 드리는 중에 받은 은혜가 있다면 적어 보고, 함께 나누어 보세요.

Q.6. 아이를 키우다 보면, 내가 이러려고 그렇게 치열하게 공부하고 취업했는지 후회가 돼요. 자녀를 하나님 앞에서 키우는 것도 너무 어렵고 버겁습니다

| 자녀 양육의 사명을 깨닫기까지 |

"일하는 것이 쉬운가요, 아이를 보는 것이 쉬운가요?"라고 물어보면 자녀가 있는 분들은 열이면 열 모두 밖에 나가서 일하는 것이 훨씬 쉽다고 말합니다. 저도 그랬습니다.

첫째 아이를 낳고 '경단녀'가 된 저는 종종 자존감이 떨어졌습니다. 아이를 양육하는 것이 기쁘다가도 만족할 수 없어서 마음이 힘들었습니다. 밖에 나가서 일하면서 나를 증명하고 싶은 마음도 있었습니다. 그동안 노력해서 쌓아 온 경력이 너무 아까웠습니다. '아이를 낳고 집에만 있으려고 고등학교 때 그렇게 힘들게 공부했나? 이럴 줄 알았으면 실컷 놀아 볼 걸'이라는 생각과 함께, 야간 자율 학습 끝나고 독서실까지 다니며 공부했던 시간이 너무 아까웠습니다. 심지어 아빠가 내주신 대학 등록금도 아까웠죠. 하루 종일 말 못 하는 아이에게 말을 걸고 웃는 일도 쉬운 일이 아니었습니다. 정체성의 혼란이 찾아왔습니다.

어느 날은 감정이 널뛰기를 하는 때도 있었지요. 힘든 마음에 아이를 안고서 기도하러 교회에 갔습니다. 아이를 남편에게 맡기고 주님 앞에 기도를 드렸습니다. "주님, 아이를 주신 것도 감사드리고, 이 아이로 인해 행복하지만요. 저도 제 삶을 살고 싶어요. 아이만 돌보는 엄마의 삶 속에서 제 자아가 하나도 없는 것 같아 너무 힘이 들어요. 주님 저 좀 도와주세요. 저도 일하고 싶고, 제 시간도 갖고 싶고, 돈도 벌고 싶어요!" 힘든 마음을 주님께 쏟아 내며 기도하고 있는데, 마음에 이런 감동이 있었습니다. "지희야, 이게 네 사명이란다. 이 아이를 믿음으로 잘 양육하는 것이 지금 네가 해야 할 일이야. 내가 너에게 준 책임을 성실하게 감당했으면 좋겠어." 펑펑 울며 기도하는 저에게 주님은 제가 원하는 응답은 주지 않으셨습니다.

그런데 기도 중에 주신 감동을 마음속에서 지울 수가 없었습니다. 그래서 또 말씀에 순종하며 자녀 양육을 감당했습니다. '자녀 양육이 지금 주님께서 내게 주신 가장 중요한 사명이다. 잊지 말자.' 그렇게 넘어지고 일어서면서 아이 셋을 키웠습니다. 시간이 지나고 알게 되었습니다. 그리고 글을 쓰면서 더 분명히 느낍니다. 주님께서 저에게 그 말씀을 하셨던 이유를요. 제가 그때 힘들어서 자존감을 일로 되찾고자 다른 것에 집중했다면, 저는 자녀를 믿음으로 키우는 부모의 삶을 바르게 알지 못했을 겁니다. 그 이후 자녀 셋을 키우면서 하나님은 제 자존감이 일을 해서 세워지는 것이 아님을 삶 속에서 가르쳐 주셨습니다.

예수님은 우리의 존재 가치를 일과 성과에 두지 않으십니다. 우리의 존재 자체를 소중히 여기시며 그분의 자녀로 삼으시는 분이십니다. 내가 뛰어나서 주님이 십자가를 지신 게 아닙니다. "부모가 되어서 내 시간이 없어!"라고 하며, 내가 없는 것 같다고 생각하는 것은 사탄의 거짓말입니다. 그것은 진리가 아닙니다. 하나님께서 우리에게 맡기신 책임을 성실하게 감당하는 것을 하찮게 여기도록 만드는 사탄의 목소리에 속지 않기를 바랍니다.

자녀를 양육한다는 것은 부모로서 하나님께서 주신 책임을 다하며 살아갈 수 있도록 도와주는 영광스러운 일입니다. 돈 주고 살 수 없는 은혜의 자리입니다. 중요한 게 무엇인지 잊혀 가는 삶 속에서 가장 귀한 생명을 살리고 믿음의 유업을 물려주는 일에 우리가 힘을 다할 수 있기를 바랍니다. 이제 우리는 자녀를 양육할 때 내 생각과 기준이 아니라 하나님의 기준으로 생각하는 습관을 가져야 합니다.

| 복음에 견고한 자녀 양육 |

강성환 목사님과 길미란 사모님의 공저 《복음에 견고한 자녀 양육》에서는 자녀 양육의 정의를 이렇게 이야기합니다.

> 자녀 양육에 대한 하나님의 부르심은 자녀를 복음으로 제자 삼는 것입니다. 자녀를 복음으로 제자 삼는다는 것은 부모 세대가 복음을 따라 살아가고, 소중한 자녀에게 복음이 무엇인지, 하나님이 누구신지 삶으로 가르치는 것입니다.[5]

자녀 양육에 대한 하나님의 부르심은 나의 즐거움, 안위, 만족을 위해 자녀를 양육하는 것이 아니라 하나님의 크신 그림 안에서 복음으로 자녀를 제자 삼는 것입니다. 하나님께서는 믿음을 유업으로 전해 준 세대를 통해 지금 우리 곁에 계신다고 해도 과언이 아닙니다. 신앙의 선조들이 자녀들에게 하나님을 전하지 않았다면, 우리도 다른 신을 믿거나 무신론자가 되거나 자기가 신이라고 하는 사람을 믿으며 살고 있을지도 모릅니다. 그래서 하나님을 바르게 전하는 신앙 교육이 너무나도 중요합니다. 출애굽 한 이스라엘 백성에게 하나님께서는 이 말씀을 주셨습니다.

> 이스라엘아 들으라 우리 하나님 여호와는 오직 유일한 여호와이시니 너는 마음을 다하고 뜻을 다하고 힘을 다하여 네 하나님 여호와를 사랑하라 오늘 내가 네게 명하는 이 말씀을 너는 마음에 새기고 네 자녀에게 부지런히 가르치며 집에 앉았을 때에든지 길을 갈 때에든지 누워 있을 때에든지 일어날 때에든지 이 말씀을 강론할 것이며 너는 또 그것을 네 손목에 매어 기호를 삼으며 네 미간에 붙여 표로 삼고 또 네 집

---

5 강성환, 길미란, 《복음에 견고한 자녀 양육》 (서울: 세움북스, 2021), 27.

마음과 힘과 뜻을 다해 하나님을 사랑하고 이것을 네 자녀에게 부지런히 가르치라는 것입니다. 가나안땅에 들어가면 이스라엘 백성들이 어떻게 생활할지 하나님은 알고 계셨습니다. 그래서 하나님은 모든 믿음의 부모들에게 이 말씀을 주셨습니다. "마음과 뜻과 힘을 다해 하나님을 사랑하라." 즉, 동원할 수 있는 모든 것으로 하나님을 사랑하라는 것입니다. 너뿐만 아니라 너의 자녀들까지 하나님을 사랑하며, 말씀을 지키는 삶을 살아야 한다고 강조하십니다.

손목에 새기고, 미간에 붙이고, 집 안에 붙이고, 기록해라. 마음에도 몸에도 생활하는 집에도 하나님의 말씀을 기록하라고 하신 것은 우리의 삶 전체가 말씀을 기억하고 복음을 삶으로 살아 내길 원하시는 하나님의 마음입니다.

보라 자식들은 여호와의 기업이요 태의 열매는 그의 상급이로다 (시 127:3)

하나님은 말씀을 통해 부모인 우리에게 자녀라는 기업을 주셨음을 말씀하시고, 그 기업을 경영하라고 말씀하십니다. 기업가가 된 우리의 역할이 무엇인지 생각해 보셨나요? 보통 기업의 대표는 기업을 어떻게 성장시킬 것인지 연구하고, 의논하고, 실천하며 온 힘을 다해 집중합니다. 무엇을 해야 할지, 어떤 방법을 써야 할지 끊임없이 연구하죠. 성장을 위해 연구와 개발 비용도 투자합니다. 어느 때는 혁신을 일으키기도 합니다. 우리도 이와 같은 마음과 자세로 자녀를 믿음으로 세워 가는 부모의 사명을 붙잡아야 합니다. 말씀을 기준으로 보면, 이 세상에서 가장 위대한 기업은 바로 우리 자녀들입니다. 이 세상 최고 경영가이신 하나님께서 주신 기업을 세워 가는 데 마음과 힘과 뜻을 다하는 삶. 그렇게 우리는 우리에게 주신 자녀라는 기업을 경영하는 경영자라는 정체성을 가지고 삶을 세워 가야 합니다.

 은혜를 나누기 위한 질문 & 제안

1. 자녀 양육의 사명은 하나님의 부르심의 영역입니다. 나는 하나님께서 원하시는 사명을 감당해 나가는 데 어떤 마음으로 하고 있습니까?

2. 아래의 말씀을 묵상하며 하나님의 기업인 자녀를 어떻게 가르치고 양육할지 점검해 보는 시간을 가져 보세요.

   보라 자식들은 여호와의 기업이요 태의 열매는 그의 상급이로다 (시 127:3)

3. 부모의 사명을 깨닫게 된 삶의 이야기를 함께 나누어 보세요.

Q.7. 워킹맘으로서
신앙 교육까지 하려니 너무 부담되네요

| 신앙 교육의 주체 |

부모가 자녀에게 말씀을 들려주고 복음을 전하는 주체이지만, 신앙 교육의 진정한 주체는 바로 하나님이십니다. 신앙 교육에 있어 부모는 중요한 역할을 합니다. 하지만 부모가 전부는 아닌 것이 또 신앙 교육입니다. 우리의 수고에도 불구하고 자녀들이 믿음으로 자라지 않을 수도 있습니다. 그렇게 되지 않기를 바라지만, 자녀를 양육하는 부모는 이 부분을 겸손히 인정하고 받아들이는 마음 자세가 필요합니다. 내 노력으로 이루어지는 것이 아님을 인정하고 어떠한 상황 가운데서도 하나님께서 우리의 자녀들을 기르신다는 것을 의심하지 않고 나아가야겠죠?

나는 심었고 아볼로는 물을 주었으되 오직 하나님께서 자라나게 하셨

부모는 자녀에게 복음을 전합니다. 말씀을 심고 때로는 물을 주기
도 합니다. 성실하게 하든, 조금 부족하게 하든 자라게 하시는 분은
오직 하나님이십니다. 이 내용을 인스타그램에 릴스로 올렸습니다.
그랬더니 교제를 나누던 어머님이 DM(메시지)을 보내오셨습니다. 요
근래에 일을 한다고 자녀에게 말씀을 성실하게 심지 못했었다고요.
창세기 1장 1절 말씀 암송은 곧잘 암송했고, 그래서 마태복음 4장 19
절 말씀을 암송했는데, 생각보다 아웃풋이 나오지 않아 아직은 때가
아니구나 하고 말씀 암송을 게을리하고 있었다고 했습니다. 그런데
하원하며 자연스럽게 마태복음 말씀을 암송하는 아이를 보며 깨달았
다고 합니다. "나를 따라오라! 내가 너희를 사람이 낚는 어부가 되게
하리라." 갑자기 아이가 말씀을 입으로 고백하며 신나게 뛰어가는 모
습을 보면서 '아, 아이는 다 듣고 있었구나'라고 생각하며 하나님 앞
에 게으름을 피웠던 자기 모습을 반성했다고 하셨습니다. 내가 키우
는 것이 아니라 하나님께서 우리 아이를 키우고 계심을 다시 한번 느
끼고 열심을 내어 말씀을 심겠다고 고백하셨습니다.

| 내가 하는 것이 아니다 |

워킹맘인 분들은 아이에게 복음을 전해 줄 시간이 충분하지 않은

것이 사실이지만, 하나님은 자녀와 함께하시며 부모가 책임지지 못하는 시간 가운데서도 우리의 자녀를 양육하시는 분이십니다.

시간이 충분하지 못해서, 내가 지식이 없어서 잘못 알려 줄까 봐 불안함을 느끼는 것은 오롯이 나만 내 자녀를 양육하고 있다고 믿는 셈이죠. 우리에게는 하나님을 온전히 신뢰하는 믿음이 필요합니다. 신앙 교육은 한시적이고 단기간의 일이 아닙니다. 인생 전체를 아우르는 오래달리기와 같습니다. 하루에 30분이라도 꾸준하게 자녀에게 복음을 전해 주고 삶을 나누는 시간을 가져 보세요. 아무리 중요한 것도 꾸준히 이루어지지 않으면 소용이 없습니다. 주님께서 우리와 삶의 모든 과정에 함께하심을 기억하며, 우리의 아이들도 그분께 넉넉히 맡겨 드리는 연습이 필요합니다.

삶의 우선순위, 시간의 우선순위를 잘 생각해 보세요. 지금 내 아이에게 가장 필요한 것은 무엇일까요? 영육 간에 생명을 살리는 일에 우선순위를 두고 있으신가요? 아니면 중요하지 않은 일에 시간과 노력을 쏟고 있으신가요? 가장 필요한 한 가지부터 자녀의 마음과 시간에 꾸준히 심어 보세요. 하나님께서 자라게 하십니다.

저도 피곤하면 아이들에게 말씀을 읽어 주고 가르치는 일을 게을리하고 싶은 마음이 굴뚝 같았습니다. 잘 알아듣지 못하는 말씀을 들려주는 게 맞을까 고민하는 순간들도 참 많았습니다. 그런데 시간이 지나니, '결과'라고 할까요? 눈에 보이는 것들이 생겨나기 시작했습니다. 초등학교 2학년이 된 아이가 학교에 다녀와서 스스로 말씀을 읽고 묵상을 하는 모습을 보며, 어렸을 때부터 가르쳐 주어야 할 거룩한 습관이 무엇인지 확신하게 되었습니다. 말씀을 읽는 것을 넘어 복음을 마음 깊이 이해하고 느낄 수 있도록 도와주어야 할 책임이 부모에게 있음을 고백합니다. 삶 속에서 복음의 능력을 체험하는 아이들이 되도록, 어릴 때부터 부지런히 말씀 안에 담긴 복음을 심는 시간을 꼭 가져 보세요.

은혜를 나누기 위한 질문 & 제안

1. 하나님은 부모에게 어떤 사명을 주셨습니까? 나는 사명을 감당하는 삶을 살아가고 있나요?

2. 아래의 말씀을 읽고, 나는 자녀 양육에 관해 어떻게 생각하고 있었는지 돌아보세요. 자녀 양육이라는 사명을 기쁘게 받아들일 수 있도록 마음을 새롭게 하며 기도로 나아가는 시간을 가져 보세요.

   나는 심었고 아볼로는 물을 주었으되 오직 하나님께서 자라나게 하셨나니 그런즉 심는 이나 물 주는 이는 아무것도 아니로되 오직 자라게 하시는 이는 하나님뿐이니라 (고전 3:6-7)

3. 자녀의 시간은 보통 엄마의 우선순위로 결정됩니다. 나는 자녀를 양육함에 있어서 무엇을 제일 우선으로 두고 있는지 생각해 보고 적어 보세요.

Q.8. 아이랑 같이 교회에서 예배드리는 게 너무 힘들어요

| 자모실, 예배실인가? 놀이방인가? |

남편을 도와 유초등부 사역을 하다가 셋째를 낳은 후부터 자모실에서 막내와 예배를 드리게 되었습니다. 너무 예쁜 막내와 교회의 예쁜 아이들이 한데 모여서 예배를 드리는데… 이것은 예배실인가 놀이방인가, 도통 말씀이 들리지 않았습니다. '이럴 거면 집에서 영상 예배로 드릴걸.' 코로나로 인해 영상 예배가 일반화되자 그 편이 낫겠다는 생각도 여러 번 했습니다. 하지만 저는 목회자의 아내였기에 그럴 수 없었습니다.

이처럼, 엄마의 예배 시간은 절대적으로 확보되어야 하지만, 현실은 녹록지 않습니다. 우는 아이, 배고픈 아이, 놀고 싶은 아이, 졸린 아이들을 데리고서 예배를 드리는 시간이 좋다가도 힘든 것이 자모실에서의 일상이지요. 그리고 자모실에서 엄마들이 좀 친해지면 예배 시간에 잡담이 늘어나기도 합니다. 어디에 집중해야 할지 모르는 시간 속에 예배가 끝나기 일쑤였습니다. 자모실에서 같이 예배드리는 집사님, 사모님, 전도사님의 표정에서 힘듦이 가득했습니다. 저도 그 안에서 고민하며 시간을 보냈습니다.

아이랑 같이 교회에서 예배드리는 것이 쉽지 않기에, 이러한 질문을 하는 마음이 이해가 됩니다. 은혜를 사모하며 본당에 들어가려 하면 시끄러운 소리에 예배를 방해할까 봐 눈치를 먼저 보는 것도 참 안타까운 현실입니다. 기도하러 교회에 갔는데 아이들이 시끄럽게 해서 제대로 기도하지 못하고 집에 온 적도 많았으니까요. 왜 이렇게 시끄럽게 하냐는 말이 상처가 되어 돌아오기도 했습니다. 기도하러 오신 분들이 집중해서 기도하지 못하게 만든 것도 죄송했지만, 마음 한편에는 아이를 낳고 키우며 은혜를 사모하는 마음을 너무도 몰라 주는 것 같아 속상하기도 했습니다. 교회가 너무 야박한 거 아니냐, 공감을 못해 주는 거 아니냐는 불평도 해 봤습니다. 그래도 아이와 함께 예배를 드려야 하는 현실은 변하지 않았습니다. 변하지 않는 현실 속에서 예배는 드려야 하고, 어떻게 하면 은혜 가운데 예배를 드릴 수 있을까 하는 고민 가운데 "하나님, 예배를 예배답게 드릴 수 있도록 도와주세요"가 세 아이를 양육하며 은혜를 사모하는 예배자로서의 저의 가장 큰 기도 제목이었습니다. 아이를 키우며 예배에 집중하는 것이 저에게 늘 해결해야 할 과제였기 때문이지요.

어느 날 평소보다 일찍 자모실에 도착했습니다. 그 자리에 무릎을 꿇고 기도를 드렸습니다. "주님, 주님께 예배드리는 마음이 너무 간절해서 오늘도 갈급한 마음으로 예배를 드립니다. 생명의 근원이신 주님께서 이곳에서 예배드리는 모든 어머님들의 마음을 만지시고, 아이들의 마음을 만져 주셔서 다 함께 은혜 가운데 예배를 드릴 수 있게 도와주세요." 하나님을 간절히 찾으며 복잡한 자모실에 부어 주실 은혜를 구했습니다. 주님께서 마음의 중심을 알아 주셨을까요? 마음을 달리하니 그 안에서 나누는 대화도, 들리는 설교 말씀도 은혜로 다가왔습니다.

사실 그 당시 제 안에는 이런 마음이 있었습니다. 어쩌면 이런 마음 때문에 자모실에서 예배를 드리는 것이 더 힘이 들었을지도 모릅니다. '대예배실에서 예배드리는 것이 더 큰 은혜가 될 텐데… 나도 아이와 한 시간이라도 떨어져서 설교 말씀을 집중해서 듣고 싶다. 자유롭게 하나님께만 집중하고 싶다….' 하지만 이 마음을 내려놓고, 하나님께 온전히 집중하며 예배를 드리기 전 그날의 은혜를 간절히 구했더니, 하나님께서 때에 맞는 맞춤형 은혜를 선물로 부어 주셨습니다. 더불어 그곳에 함께하는 엄마들에게도 은혜를 나눌 수 있는 통로의 역할을 하게 하셨습니다.

자모실에서의 예배가 힘이 드시나요? 내 마음속 깊은 곳에 있는 마음을 살펴보세요. 그리고 마음의 중심을 바르게 하고 솔직하게 주님께 도움을 요청해 보세요. 교회에서 필요한 도움이 있다면 사역자분들에게 어려움을 정중히 나누어 보세요. 하나님께서 예배를 온전히 드리려는 여러분의 마음을 보시고서 반드시 도움의 손길들을 붙여 주실 것입니다.

 은혜를 나누기 위한 질문 & 제안

1. 자모실에서 예배를 드리며 어려웠던 부분을 나누어 보세요. 그리고 이 어려움을 극복하며 예배를 드릴 수 있었던 간증이 있다면, 함께 은혜를 나누어 보세요.

2. 예배란 무엇인가요? 하나님께서 기뻐하시는 예배가 무엇인지 말씀을 통해 정리해 보세요.

   아버지께 참되게 예배하는 자들은 영과 진리로 예배할 때가 오나니 곧 이때라 아버지께서는 자기에게 이렇게 예배하는 자들을 찾으시느니라 하나님은 영이시니 예배하는 자가 영과 진리로 예배할지니라 (요 4:23-24)

3. 어린아이를 데리고 예배드리러 오는 부모님들을 위해 교회 공동체에서 도움을 줄 수 있는 부분은 무엇이 있을지 함께 고민해 보세요.

Q.9. 아이들이 제 말을 듣지 않으면 화가 납니다. 무시받는 것 같기도 하고요. 그래서 작은 일에도 화를 내게 돼서 아이들과의 관계도 좋지 않아지네요. 어떡하죠?

| 정서적으로 건강한 엄마 |

> 건강한 정서가 바탕이 되지 않은 기독교 영성은 자기 자신 및 하나님, 주변 사람들과의 관계에 치명적일 수 있다.[6]

건강하지 못한 정서를 가지고 있는 사람은 하나님뿐만 아니라 나 자신에게 그리고 다른 사람들에게 솔직하지 못합니다. 심각한 사람들은 내가 솔직하지 못하다는 것도 인식하지 못합니다. 솔직하지 못하다는 것은 나에게든 상대방에게든 미성숙하게 행동할 수 있다는 것입

---

6 피터 스카지로, 《정서적으로 건강한 영성》 (서울: 두란노, 2015), 15.

니다. 신앙은 좋은데 삶은 눈살을 찌푸리게 하는 사람들을 보면, 대개 미성숙함을 보입니다. 그리고 더 깊이 들어가 보면 정서적으로 건강하지 못한 경우가 대부분입니다. 겉으로는 친절하고 착하고 좋아 보이지만, 내면은 훌륭한 그리스도인이 되고 싶은 척하는 아픈 내면을 가진 사람입니다. 착한 아이 콤플렉스를 가진 사람들도 정서적으로 건강하지 못한 하나의 예입니다. 우리는 하나님 앞에서 나의 죄성을 내어 놓고 진실되게 회개할 수 있어야 합니다. 여러분은 정서적으로 건강하신가요?

하나님은 우리의 정서를 만드신 분이십니다. 기쁨과 환희, 슬픔과 짜증도 모두 하나님께서 만드신 인간의 감정입니다. 우리는 보통 기쁨과 환희와 같은 좋은 감정은 환영하고, 슬픔과 짜증, 분노와 같은 부정적인 감정은 내면에 깊이 넣어 두려고 합니다. 슬픔과 짜증, 분노와 같은 부정적인 감정을 상대방에게 보이는 사람은 올바르지 못하고, 성숙하지 못한 사람이라고 생각하기 때문입니다. 거룩하게 보이기 위해 가려야 할 죄라고 생각하기도 합니다. 하지만 그렇지 않습니다. 부정적인 감정도 하나님께서 허락하신 감정임을 기억하고, 어떻게 하면 건강하게 표현할 수 있을지 고민하고 노력해야 합니다.

사람들은 보통 직장에서, 선임자들과 관계할 때 최대한 자신의 감정을 억누르고 절제하면서 살아갑니다. 모두가 그런 것은 아니지만, 일반적으로 선을 지키며 관계하려고 많이 노력합니다. 그런데 자녀와 일상에서는 아이들이 어리다는 이유로 좋지 않은 감정도 필터 없이 내뱉게 되는 경우가 많습니다. 자녀가 감정의 쓰레기통이 되어 버리는 경우가 너무 많습니다.

정서적으로 건강한 엄마가 되려면, 자녀가 말을 듣지 않을 때 화가 나는 이유에 관해서 먼저 내 안에 죄성을 바라보며 고민해야 합니다. 이것이 시작입니다. 단순히 아이가 말을 안 들어서 화가 나는 것인지, 아니면 다른 이유로 화가 나는 것인지에 대한 숙고함이 필요하다는 것이지요. 자기 인식을 하지 못하면, 우리의 감정을 잘못 사용해서 잘못한 일에 대해 회개조차 하지 못하는 사람이 되고 맙니다. 이런 순간들이 반복되면 자녀에게도 부모에게도 상처나 아픔이 될 수 있습니다. 그래서 객관적으로 나를 돌아볼 수 있는 시간을 가져야 합니다. 말씀과 기도로 성령님의 도우심을 구해야 합니다. 때로는 전문가의 상담도 필요할 때가 있습니다. 율법주의자와 바리새인은 심리학의 시각에서 보면 자기 인식에 실패한 사람들입니다. 그래서 구원자이신 예수님을 십자가에 못 박는 일도 스스럼없이 할 수 있었습니다. 하나님께서 주시는 마음을 구하지도 깨닫지도 못하고 나의 옳음을 내세웠기 때문입니다. 우리 마음속에 있는 상처와 올바르지 못한 감정이 고착화되면 정서적으로 건강하지 못한 사람이 됩니다.

| 부모 마음속에 있는 우상 |

폴 트립(Paul Tripp)은 부모 마음속에 다섯 가지 우상이 있다고 이야기합니다. 안락의 우상, 존경의 우상, 보답의 우상, 성공의 우상, 통제의 우상입니다.

▶ **안락의 우상 :** 부모 안에 있는 안락함을 위한 권리 의식 (온종일 아이들과 함께 고생했으니 저녁 먹고는 편히 쉬고 싶은 마음)

▶ **존경의 우상 :** 부모가 자녀에게 존경받고 싶어 하는 마음

▶ **보답의 우상 :** 자녀를 위해 희생한 부모가 자녀에게 보상받고 싶어 하는 마음

▶ **성공의 우상 :** 자녀가 잘되기를 바라며, 부모의 기대에 미치길 바라는 마음

▶ **통제의 우상 :** 자녀가 성인이 되어서도 자녀를 통제하고 결정권을 주지 않으려는 마음[7]

자녀를 양육하는 시간 동안 우리는 우리 마음속에 자리 잡은 아픔과 상처를 보게 됩니다. 때로는 고치고 싶어도 고쳐지지 않아 힘들고, 상처가 아물지 않아 괴로워하는 날들을 지납니다. 아프고 힘들지만, 복음의 말씀을 통해 우리 안에 있는 우상과 죄를 바라볼 수 있는 시간을 가져야 합니다. 필요하다면 전문적인 상담을 통해 쓴 뿌리(bitterness)를 제거하는 시간도 가져야 합니다. 지난날의 아픔과 상처가 마음속에 아물지 못하고 있다면, 복음의 말씀으로 묶인 것을 풀어나가는 시간이 필요합니다. 또 마음의 죄를 발견했다면 예수님의 이름으로 회개하고 다시는 죄에 묶이지 않기를 주님께 간구해야 합니다.

우리는 모두 죄인입니다. 그래서 작은 죄에도 발끈하며 반응하게 됩니다. 예수님은 우리가 우리의 죄를 보고 죄책감과 고통 속에서 머

---

7   폴 트립, 《위기의 십대 기회의 십대(개정판)》, 황규명 옮김 (서울: 디모데, 2024), 44-54.

무르는 것을 원하지 않으셨습니다. 오히려 예수님은 죄의 문제를 해결해 주셨습니다. 예수님은 간음한 창녀도 정죄하지 않으셨습니다. 오히려 너희 중에 죄 없는 자들이 이 여자를 돌로 치라고 말씀하셨습니다. 그리고 죄를 지은 그 여인에게는 나도 너를 정죄하지 않으니 더 이상 죄를 짓지 말라고 하셨습니다. 예수님은 우리의 흉악의 결박을 풀어 주시는 분이십니다(사 58:6).

| 진리 안에서 복음을 붙잡고 |

우리의 부모 되신 하나님은 정서적으로 건강한 분이십니다. 많은 사람들이 어린 시절 가정 가운데 아픔과 상처가 있어서 '나는 건강하지 못한 부모다'라는 생각을 많이 합니다. 하지만 걱정하지 마세요. 우리는 정서적으로 건강한 분, 나아가 온전하신 하나님을 닮아 만들어진 존재니까요. 그리고 살아가는 동안 정서적으로 건강한 예수님을 닮아 가는 자녀임을 기억해야 합니다. 우리에게는 선을 행하되 포기하지 않고 끝까지 매달리는 자세가 필요합니다. 복음 안에서 그분을 닮아 가는 성화의 삶을 살아간다면, 때가 이르러 주님께서 열매를 맺게 해 주실 것입니다. 포기하지 않는 자세가 필요할 뿐입니다.

저의 어린 시절 주된 감정은 불안이었습니다. 어릴 때부터 생계를 위해 삶을 살아야 했던 아버지의 불안은 저희 가정에 적잖은 영향을 주었습니다. 작은 일에도 감정이 요동치는 아버지를 보며 순간순간이 안정되기보다는 불안함에 떨었습니다. 언제 큰 소리가 날는지 눈치를 봤고, 가끔씩 부모님이 싸우시는 소리에도 마음이 너무 힘들었습니다.

그러던 어느 날, 지금은 누군지 기억도 나지 않는 옆집 아주머니를 통해 교회에 나가게 되었는데, 그때 교회는 저에게 평안이라는 마음의 환경을 마련해 주었습니다. 무슨 이유인지 몰랐지만, 교회에 가면 그냥 마음이 좋고 편했습니다. 불안한 일이 생기면 예수님을 생각하며 안정을 찾았습니다. 믿음의 가정에서 태어나지는 않았지만, 주님의 은혜로 예수님은 그렇게 제 삶에 들어오셨습니다. 주님은 제게 평안을 선물해 주셨습니다.

정서적으로 건강하려면, 매 순간 우리 삶 속에서 복음의 메시지를 선포하며 건강하지 못한 정서를 복음으로 바꾸는 연습을 해야 합니다. 신앙의 연수가 오래되었다고 해서 잘하고 못하는 것이 아니라, 말씀 안에 복음을 붙잡고 살아가는 삶을 통해 조금씩 변화가 이루어집니다. 이것이 바로 '성화의 삶'입니다. 죄인에서 의인으로의 칭함은 예수님으로 인해 단번에 이루어지지만, 성화가 되는 과정에는 하나님의 은혜에 힘입은 우리의 노력이 필요하거든요. 부정적인 생각과 불안한 마음은 우리에게 복음을 잊게 만들고, 죄의 종노릇하게 만듭니다. 하나님의 말씀을 종이처럼 능력이 없어지게 만듭니다. 오히려 불신을 가져오기도 하죠.

그러므로 우리는 복음을 믿음으로 선포하고 기도함으로 나아가야 합니다. "나사렛 예수 이름으로 명하노니 부정적인 생각과 불안함의 마음을 가져다주는 사탄의 영은 내 안에서 떠나갈지어다!"라고 선포하며, 믿음으로 붙잡으세요. 그리고 내 안에 하나님의 말씀을 심으세요. 진리는 우리를 자유롭게 하며 성령님의 능력으로 새롭게 합니다. 예수님이 우리에게 필요함을 늘 기억하면서 복음을 삶으로 누리며 살아가기를 바랍니다.

 은혜를 나누기 위한 질문 & 제안

1. 자녀를 양육할 때 내 안에 있는 주된 우상이 무엇인지 생각해 보세요.

2. 복음의 말씀으로 불안함과 부정적인 생각에서 벗어나 예수님께서 주시는 능력을 힘입는 말씀을 붙잡으세요. 부정적인 생각과 감정, 불안함이 올라올 때 말씀을 암송하여 선포함으로 힘을 얻기를 바랍니다.

   아무것도 염려하지 말고 다만 모든 일에 기도와 간구로 너희 구할 것을 감사함으로 하나님께 아뢰라 그리하면 모든 지각에 뛰어난 하나님의 평강이 그리스도 예수 안에서 너희 마음과 생각을 지키시리라 (빌 4:6-7)

3. 나의 주된 감정이 무엇인지 살펴보세요. 부정적인 감정, 긍정적인 감정 모두 인정하고 하나님 앞에서 건강하게 표현할 수 있는 방법을 서로 이야기해 보세요.

Q.10. 원가정에서 받은 상처와 아픔이 해결되지 않아서 아이들을 양육할 때 자꾸 걸림돌이 됩니다. 아이들이 건강하게 자랄 수 있을까 불안해요

| 상처와 아픔 치유하기 |

크리스천들에게는 '마음이 불안하면 믿음이 없고 연약한 것이다' 라는 인식이 있습니다. 저도 그렇게 생각했습니다. 마음이 불안하면 기도가 부족한 것이고, 말씀을 믿지 못하는 것이고, 궁극적으로는 '하나님을 믿지 못하는 것이다'라고 결론을 내렸습니다. 물론 아예 틀린 말은 아닙니다. 우리가 하나님을 온전히 믿을 때 불안은 떠나가기 때문입니다. 하지만 하나님을 온전히 믿으면서도 불안이 모두 사라지지 않을 수 있습니다. 마음이 불안하면 믿음이 없다고 일반화할 수 없다는 것이지요. 커티스 창(Curtis Chang)은 《안녕, 불안》이라는 책에서 불안에 대한 또 다른 시각을 이야기합니다. 불안은 예수님이 부활하시

고 하늘로 올라가신 지금과 예수님의 재림을 기다리며 살아가는 우리에게는 피할 수 없는 삶의 일부라고 말합니다. 따라서 이를 도덕적 실패로 확대 해석해서는 안 된다고 이야기하지요.[8]

| 하나님, 제 기도는 언제 들어주시나요? |

어린 시절, 저는 하나님이 제 상처와 아픔을 방관하신다고 생각했습니다. '왜 내 기도는 들어주지 않으시지?' 기도를 제대로 해 보지도 않았으면서 이런 마음을 가졌습니다. 참 자기중심적이었죠. 하나님은 마음속의 기도도 들어주시는 분이라고 들었는데, 제 기도에는 전혀 응답이 없는 것 같았기 때문입니다. 가정은 불안했고 안정적이지 못했습니다. 어릴 때부터 그토록 원했지만, 아빠는 예수님을 믿지 않았습니다. 예수님 믿는 것을 오히려 싫어하셨습니다. 이 아픔 때문에 저는 하나님을 잘 믿는 배우자와 믿음의 가정을 꿈꾸게 되었습니다. 어린 시절은 불안했지만, 복음 안에 행복한 가정을 이루는 것을 소망하게 되었습니다.

중고등부 시절 '찬양의 밤' 행사를 준비할 때, 아빠의 호출을 받고 혼날까 봐 두려움에 떨면서 연습을 채 마치지 못하고 집으로 돌아가는 것이 정말 슬펐습니다. '나는 왜 마음껏 하나님께 예배드릴 수 있는 가정에서 태어나지 못했을까?' '집에 가면 밤새 무슨 소리를 들을까?' 우리 아빠도 예수님을 믿고 평안했으면 좋겠다. 이런 마음이 늘

---

8 커티스 창, 《안녕, 불안》, 정성묵 옮김 (서울: 두란노, 2023), 30-32.

제 안에 있었습니다. 아픔과 상처가 없었다면 믿음의 가정을 소망하는 꿈조차 꾸지 않았을 겁니다. 결국 하나님의 인도하심으로 살면서 가장 어려웠던 23살 때 남편을 만나게 되었습니다. 그리고 함께 예배 드리며 예수님을 사랑한다고 고백하는 믿음의 가정을 이루었습니다. 어렸을 때 제 기도가 응답되지 않은 이유도 깨달았습니다. '하나님의 때'가 있다는 것을 그때는 몰랐던 거죠.

| 고치시고 살리시는 하나님 |

원가정에서 받은 상처와 아픔 때문에 힘들고 불안하신가요? 물론 상처가 아물기 전까지는 아프고 힘들겠지요. 하지만 우리 예수님은 이 상처도 당신의 영광을 나타내는 재료로 사용하십니다. 결국 예수님은 우리의 상처와 아픔을 소망으로써 치유하시는 분이십니다. 아직 내 안에 복음으로 치유받지 못한 부분이 있다면 하나님 앞에 나아가시길 바랍니다.

어린 시절의 불안함과 우유부단함으로 고작 김치찌개를 먹을지 된장찌개를 먹을지에도 고민하던 저는 하나님을 의지하는 삶을 살아가면서부터 변하게 되었습니다. 말씀과 기도로 하나님을 붙잡으면서 변해 갔습니다. 성령 하나님께서 내 안에 내주하시며 나를 위해 늘 도우신다는 말씀이 마음 깊이 새겨지니, 우유부단함도 불안함도 점차 사라져 가고 믿음이 자라기 시작했습니다. 주님을 붙잡자, 주님께서는 오랫동안 병든 중풍 병자를 고치시는 것처럼, 눈먼 장님의 눈을 뜨게 하시는 것처럼 저를 고치셨습니다. 육신은 멀쩡했지만, 마음과 영혼이 병든 저를 오랜 시간 동안 어루고 달래며, 때로는 엄하게 가르치심으로써 고치셨습니다.

복음의 능력은 신약 시대 제자들에게만 일어나는 것이 아닙니다. 지금도 우리 안에 계시는 성령님으로 말미암아 복음의 능력이 나타납니다. 믿음으로 구하고 병이 낫기를 기대했던 성경의 수많은 사람들을 보세요. 그 마음으로 주님 앞에 나아가 내 마음이 온전케 되길 소망하세요. 주님은 고치시고 살리시는 분이십니다.

은혜를 나누기 위한 질문 & 제안

1. 불안에 대한 새로운 시각에 대해 함께 의견을 나누어 보며 내 안에 어떤 불안이 있는지 점검해 보세요.

2. 시편 말씀을 묵상하며 하나님께 나의 아픔과 상처를 내어 드리는 시간을 가져 보세요. 치유하시는 하나님의 은혜가 함께하길 기도합니다.

   이에 그들이 그들의 고통 때문에 여호와께 부르짖으매 그가 그들의 고통에서 그들을 구원하시되 그가 그의 말씀을 보내어 그들을 고치시고 위험한 지경에서 건지시는도다 여호와의 인자하심과 인생에게 행하신 기적으로 말미암아 그를 찬송할지로다(시 107-19-21)

3. 하나님께서 아픔과 상처를 치유해 주신 은혜의 경험들을 함께 나누며, 용기와 도전을 나누는 시간을 가져 보세요.

Part 3

본격적으로
시작하는
신앙 교육

Q.11. 아이가 아직 어린데, 가정에서 신앙 교육은 어떻게 해야 할까요?

| 문화가 중요해요 |

나라마다 가지고 있는 고유한 문화가 있습니다. 시대별로 우리나라만 살펴봐도 고구려, 백제, 신라, 고려, 조선의 문화가 달랐습니다. 고구려를 생각하면 강한 기상이 떠오릅니다. 만주 벌판을 뛰어다니는 군사들이 떠오르죠. 백제의 유물들은 부드러우며 세련된 것이 특징입니다. 신라의 문화는 또 다르고요.

미국과 중국은 한눈에 봐도 문화가 다릅니다. 사상과 가치관, 언어와 생활 습관이 다르기에 문화도 다릅니다. 우리나라는 유교 사상의 영향으로 효(孝) 문화가 있습니다. 동방예의지국이라는 별칭도 가지고 있지요. 효 문화로 인해 다른 나라에서는 볼 수 없는 존댓말도 있습니다. 그러나 미국에는 존댓말이 없습니다. 미국은 효를 중요시하기보다 개인 중심의 문화, 즉 개인주의적 문화를 가지고 있기 때문입니다.

이처럼 우리 사회의 문화는 한 사람의 세계관을 세우는 데 많은 영향을 미칩니다. 제가 왜 이런 이야기를 했을까요? 신앙 교육도 가정의 문화임을 이야기하고 싶어서입니다.

| 문화 센터 수업보다 더 중요한 것 |

우리 가정의 문화에 대해서 생각해 보셨나요? 우리가 인식하지 못할 때가 많지만, 가정마다 각각의 문화가 있습니다. 가정의 문화는 부모님의 생각과 가치관에 따라 결정됩니다. 아이들이 어릴 때는 부모의 우선순위와 가치에 따라 자녀들의 삶과 배움의 길이 정해지기 때문이지요.

유대인들은 어려서부터 가정의 문화를 하나님 중심으로 만들어 갑니다. 태어나기도 전부터 아이에게 하나님의 말씀을 들려주고 가르칩니다. 그리고 아이가 태어났을 때부터 하나님에 관해 끊임없이 가르칩니다. 말씀을 통해서, 그들의 삶을 통해서 말이죠. 13세 성인식을 치르기 전까지 모세오경을 다 외우게 된다니, 이스라엘 가정의 문화는 하나님을 빼놓을 수가 없겠죠? 게다가 이들은 가구의 배치도 자녀에게 하나님의 말씀을 전하고 교육하기에 유익하도록 배치합니다. 삶의 기준이 하나님 중심이기 때문이죠.

우리가 아이들을 양육하면서 영향을 받는 사회의 문화에는 어떤 것들이 있는지 생각해 봅시다. 자녀를 양육하면서 육아용품, 이유식 방법, 훈육의 방법, 자녀 양육의 방법들이 조금씩 변합니다. 시대의 트렌드(trend)를 반영하여 육아 방법도, 그에 따른 용품들도, 자녀 양육의 지침도 바뀌게 되죠. 우리나라에 대형 마트가 생겨나고서 새로운 문화가 하나 생겼습니다. 대형 마트에서 이루어지는 문화 센터 수업입니다. 빠르면 태어난 지 5-6개월 된 아이들부터 문화 센터에 가서 소근육 운동, 음악, 미술, 체육 수업을 하는데, 좋다고 소문난 강의는 일찍부터 마감됩니다. 돌 전후의 아이들을 데리고 한 번쯤은 가 보셨을 거예요.

저도 큰아이가 돌이 되기 전에 아이의 발달을 위해 복지관에서 하는 오감 수업에 가 본 적이 있습니다. 아기 띠를 메고, 짐을 들고서 복지관으로 향했습니다. 비슷한 또래의 아이들과 엄마들이 수업을 참여했습니다. 우는 아이도 있었고 호기심 가득하게 잘 참여하는 아이들도 있었죠. 저희 아이는 예민한 기질이어서 그런지 낯설어하고 자극에 반응하는 것이 어려워 보였습니다. 그래도 '시작했으니, 끝을 봐야지' 하면서 어린아이를 데리고 수업에 참여했습니다. 아이에게 도움이 될 거라는 마음을 가지고서 참여하게 되더라고요. 그때 이런 생각을 해 보았습니다. '이 어린아이를 데리고 교회에 가서 예배드리는 것은 버거워하면서, 아이를 위한 문화 센터 수업에 참여하는 일에는 열심을 내고 있지 않나?'

그때 저를 돌아보게 되었습니다. 아이를 데리고 예배드리러 가는 길은 버거운 일처럼 느끼면서, 문화 센터 수업에 참여하는 건 적극적으로 임하고 있었으니 말이죠. 이 마음의 찔림으로, 예배드리러 가는 마음과 발걸음을 어떻게 해야 하는지 점검하는 시간을 가졌습니다.

혹시 여러분도 문화 센터는 기꺼이 가면서 예배드리러 가는 길은 부담을 갖고 있지 않나요?

이스라엘아 들으라 우리 하나님 여호와는 오직 유일한 여호와이시니 너는 마음을 다하고 뜻을 다하고 힘을 다하여 네 하나님 여호와를 사랑하라 오늘 내가 네게 명하는 이 말씀을 너는 마음에 새기고 네 자녀에게 부지런히 가르치며 집에 앉았을 때에든지 길을 갈 때에든지 누워 있을 때에든지 일어날 때에든지 이 말씀을 강론할 것이며 너는 또 그것을 네 손목에 매어 기호를 삼으며 네 미간에 붙여 표로 삼고 또 네 집 문설주와 바깥 문에 기록할지니라 (신 6:4-9)

| 하나님께서 내게 부탁하신 것 |

예수님께서 이 땅에 오신 지 2,000여 년이라는 세월이 흘렀지만, 하나님의 말씀은 여전히 우리에게 유효하고 능력이 됩니다. 하나님은 우리에게 말씀하십니다. 너는 마음을 다하고 뜻을 다하고 힘을 다하여 네 하나님 여호와를 사랑하라고, 그리고 내가 네게 명하는 이 말씀을 네 자녀에게 먼저 가르치라고요. 자녀에게 무엇을 먼저 가르치시겠습니까? 무엇을 가정의 문화로 만들어 나가야 할까요?

신앙 교육은 '복음이 가정의 문화가 되게 하는 것'입니다. 아이와 함께하는 시간 동안에는 엄마와 아이, 둘만 있는 게 아닙니다. 하나님께서 늘 함께하십니다. 그래서 우리는 주님이 우리와 함께하심을 인식하는 삶을 살아가야 합니다. 말을 할 때도, 아이에게 밥을 먹일 때도, 혼자 있을 때도 우리는 혼자가 아님을 기억해야 합니다.

첫째 아이를 키우면서 아이에게 어떻게 하나님을 전해 줄까 고민했습니다. 하나님의 말씀이 아이에게 다소 어려울 수 있었지만, 조금씩 들려주기 시작했습니다. 아이가 듣든지 안 듣든지 매일 한 장씩 잠언 말씀을 읽어 주었습니다. 아이는 집중해서 듣지 않고 노는 날이 더 많았습니다. 들으면서 조는 날도 많았고요. 그래도 때를 얻든지 못 얻든지 말씀을 들려주었습니다. 그렇게 말씀을 나누어 주었더니 어느덧 하나님을 예배하고 찬양하는 아이로 자라게 되었습니다. 물론 3-4세 때는 아이들이 말씀을 들려주면 뛰어다니고, 집중하는 시간보다 집중하지 못하는 시간이 더 많았습니다. 말씀을 들려주면서도 화가 나고 힘들 때가 있었지요. "엄마가 시간을 내어 너에게 가장 중요한 것을 들려주는데, 이렇게 집중 안 할 거니?"라고 하며 혼내기도 했습니다. 지금 생각하면 매우 부끄럽습니다. 하지만 그것 또한 저의 모습이었음을 인정합니다.

그래도 감사한 것은 아이들이 잘 듣지 않아도 매일 말씀을 읽고 나누는 것을 계속했다는 것입니다. 저희 아이들은 매일 말씀을 읽고 묵상하는 것이 이제는 당연한 일이 되었습니다. 말씀을 읽지 않으면 왜 말씀을 읽어 주지 않냐고 물어보기도 합니다. 눈을 뜨자마자 막내는 성경 동화책을 읽어 달라고 가져옵니다. 때로는 이것이 은혜가 빠진 너무나 당연한 행위가 되지 않도록 경계하고 있습니다. 복음의 은혜를 충만히 느끼는 아이들로 자라나길 늘 기도하며 말씀을 심습니다.

아이가 초등학교 1학년이 되고서 선택의 시간이 다가왔습니다. 학원에 보낼 것인가? 집에서 엄마와 함께할 것인가? 부부의 가치관에 따라 저희는 어린 시절부터 학원에 보내지 않고 스스로 학습할 수 있는 습관을 길러 주자는 결론을 내렸습니다. 꼭 하고 싶은 활동이 있다면 배우게 하되, 억지로 배우는 것은 지양했습니다. 돈을 적게 벌더라도 아이의 습관을 세워 가야 하는 초등학교 저학년 때까지는 '부모의 역할을 학원에 맡기지 말자'라는 마음을 먹었습니다.

유치원생보다 4시간 이상 일찍 끝나는 초등학교 1학년을 돌보는 것이 부모이면서도 버거울 때가 있었습니다. 일단 막내를 어린이집에 보내고서 얻은 엄마의 시간이 줄어드니 마음이 기쁘지는 않았습니다. 그런데 아이에게 무엇이 유익한가를 생각해 보며 그 여유도 내려놓게 되었습니다. 아이와 함께 스케줄을 종이에 적으면서 스스로의 시간을 계획하고 실천해 나갈 수 있도록 도와주었습니다.

그리고 무엇을 하든지 하나님의 말씀을 먼저 읽고 묵상하는 것이 제일 중요함을 가르쳤습니다. "공부를 하는 것도 하나님의 영광을 위해서 하는 것이다"라는 공부함의 본질을 늘 이야기해 주었습니다. 주객이 전도되는 삶을 살지 않기를 바라는 마음에서요. 초등학교 2학년을 마쳐 가는 지금, 큰아이는 하교 후에 말씀을 읽고 묵상 일기를 씁니다. 그리고 자신이 해야 할 공부를 하면서 시간을 사용합니다. 엄마가 없어도 혼자서 이 과정을 해 나가는 아이를 보며 지난날 가장 중요한 것이 무엇인지 가르쳐 주고 함께했던 시간들이 감사했습니다.

하나님을 믿는 우리가 제일 소중하게 여기고 가르쳐야 하는 것이 무엇일까요? 우리 가정의 문화는 하나님 말씀의 가치관을 따르고 있는지 스스로 점검해 보는 시간을 가져 보세요.

 은혜를 나누기 위한 질문 & 제안

1. 우리 가정의 복음 문화는 무엇이 있나요? 우리 가정만의 복음 문화를 만들어 가 보세요.

2. 아래의 말씀을 묵상하며, 내가 하나님의 영광을 위해서 먼저 해야 할 일은 무엇인지 부모의 우선순위를 먼저 점검하고 정리해 보세요.

   그런즉 너희는 먹든지 마시든지 무엇을 하든지 다 하나님의 영광을 위해서 하라 (고전 10:31)

3. 아이가 집에 있을 때 가장 먼저 우선순위를 두고서 가르치고 있는 것은 무엇인지, 기독교 세계관과 복음 문화를 어떻게 자녀에게 가르쳐 주고 있는지 삶을 나누어 보세요.

Q.12. 은혜를 누리는 시간이 너무 짧은 것 같아요. 제 감정에 따라 은혜가 부어지거나 쏟아져 버려요

감정은 하나님이 주신 선물입니다. 하나님은 우리에게 하나님께서 지으신 자연을 보며 '아름답고 좋구나'라고 감정을 표현할 수 있는 자유를 주셨습니다. 그런데 우리는 감정이라는 단어를 조금 부정적으로 보는 경향이 있습니다. '감정적'이라는 단어를 보면서 어떤 이미지나 생각이 떠오르시나요? 이 단어를 보면서 내가 부정적인 이미지를 연상하는지, 긍정적 이미지를 연상하는지를 보면, 내가 '감정'에 대해 어떻게 생각하고 있는지 쉽게 알 수 있습니다.

| 감정은 선물이다 |

우리는 보통 유교 사상의 영향으로 부정적인 감정은 '나쁘다' 그리고 '표현하기 어렵다'는 인식을 가지고 있습니다. 사람마다 감정을 표

현하는 방법이 다릅니다. 감정을 부정적으로 쏟아버리는 것은 주의해야 하지만, 그 감정 자체는 나쁜 것이 아닙니다. 다만 내 감정에 따라 하나님이 좋은 분이 되기도 하고 나쁜 분이 되기도 한다면, 신앙의 점검이 필요합니다. 감정이 기초가 되어 하나님을 믿는 사람들은 내가 기분이 좋거나 좋은 일이 생기면 하나님을 '좋으신 분', '선하신 분'으로 인식합니다. 그런데 내가 어려운 일에 처해 있거나 기분이 좋지 않으면 '하나님은 나를 돕지 않으시는 분', 심지어 '하나님은 어디에 계시지?'라고 생각하며 존재 자체를 부정하는 태도를 취합니다. 내 생각과 감정에 따라 하나님의 존재 유무, 그리고 그분의 선하심이 결정되는 것이죠.

우리가 믿음의 조상이라고 알고 있는 아브라함은 일생을 살아가며 많은 일들을 겪었습니다. 아브라함도 사람이기에 감정의 변화들이 분명히 있었을 겁니다. 하나님은 아브라함에게 자식이 없을 때 별과 같이 많은 자손을 주겠다고 약속하셨습니다. 이 약속을 한 뒤 바로 그 일이 이루어지면 좋았겠지만, 그렇지 않았습니다. 하란 땅을 떠난 지 자그마치 25년이 되어서야 아들 이삭을 허락하셨습니다. 그 기간에 아브라함은 감정을 따르지 않고 하나님의 말씀을 믿으며 나아갔습니다.

혹시 여러분이 주관주의의 신앙을 가지고 있어서 내 감정에 따라 은혜가 부어지고 쏟아진다는 것을 인지했다면, 주님께 이렇게 기도하면 좋겠습니다. "주님, 제가 감정에 따라 주님께서 주신 은혜를 너무 쉽게 쏟아내 버립니다. 제 마음이 주님의 은혜를 오랫동안 담을 수 있는 뚝배기와 같은 믿음으로 세워질 수 있게 도와주세요. 그리고 감정에 따라 습관적으로 하나님은 좋은 분, 나쁜 분이라고 여기며 살아가지 않도록 도와주세요. 내 감정에 따라 주님을 바꾸지 않고 하나님은 늘 좋으신 분이라는 생각과 마음을 지켜나갈 수 있게 은혜를 허락해 주세요"라고요. 동시에 기도와 함께 감정을 절제할 수 있는 훈련도 해나가야겠죠?

| 은혜를 누리는 시간도 훈련이다 |

처음에는 받은 은혜를 충분히 누리지 못하고서 쏟아 버릴 때가 많습니다. 하지만 한 시간, 하루, 일주일 은혜를 누리는 기간이 점점 길어지기 시작합니다. 여기서 우리가 감사해야 할 것은 내가 하나님의 은혜를 받을 수 있는 그릇을 가졌다는 것입니다. 하나님께서 아무리 좋은 것을 부어 주시고, 도와주셔도 받을 그릇이 없다면 은혜를 누릴 수 없습니다. 이 세상에는 정말 그런 사람들이 많습니다. 은혜를 알지 못하고 살아가는 사람들이 너무나 많습니다. 알고도 모른 척하고, 들어도 주님을 알지 못하는 사람들이 많습니다.

그렇다면 어떻게 이 은혜를 잘 간직할 수 있을까요? 예수님께서 주신 은혜와 사랑을 쏟아 버리지 않는 비결은 바로 감사입니다. 내 마음에 감사가 넘치면 은혜를 잘 간직할 수 있는 랩이 씌워집니다. 아무리 흔들어 대도 감사의 랩이 주신 은혜와 사랑을 쏟지 않게 보호해 주기 때문입니다. 감사의 랩을 어떻게 씌울 수 있을까요? 복음을 깊이 있게 묵상하다 보면, 감사의 랩은 자연스럽게 씌워집니다. 나를 위해 이 세상에서 죽으실 수밖에 없었던 예수님의 값없는 사랑을 내 마음에 둔다면, 감사가 터져 나오기 마련입니다. 죄인인 나를 위해 하늘의 보좌를 놓고 이 땅에 오신 예수님, 자신의 거룩한 분노를 사랑으로 바꾸어 이 땅에 쏟으신 하나님을 마음 깊이 묵상하다 보면, 감사하지 않을 것이 하나도 없습니다. 모두가 은혜로 살아가는 것이고, 덤으로 사는 인생이 되어 감정과 생각과 뜻을 하나님께 두고 살아갈 수 있습니다. 감정에 반응하지 않고 말씀에 반응하는 삶을 살아갈 수 있게 됩니다. 나만 생각하는 이기적인 마음에서 예수님이 품으셨던 이타적인 마음이 샘솟습니다. 그러면서 은혜를 담고 나누는 그릇이 커지게 됩니다. 받은 은혜를 누리고 싶으신가요? 그렇다면 감사를 고백해 보세요. 대가 없이 거룩함의 옷을 입혀 주신 예수님께, 그리고 언제나 늘 용서하시고 용납하시는 주님께 배우면서 말이죠.

예수님의 제자 된 삶을 살아가는 훈련을 하다 보면, 좌절과 낙심이 번번이 찾아옵니다. 그렇게 다짐하고 노력했는데 죄에 무너지는 내 모습을 보며 도대체 언제까지 이 싸움을 해야 하나 괴로울 때가 있습니다. 그때마다 옆에서 제게 힘을 나누어 주던 남편이 자주 하는 말이 있었습니다. "지난번에는 일주일 견뎠는데, 이번에는 2주를 견뎠네. 잘했어! 점점 그렇게 은혜를 간직하는 시간을 늘려 나가면 되는 거야. 하나님께서 이 기간을 늘려 주시잖아. 그리고 지난번보다 더 빨리 회복하고 있는걸!" 이렇게 이야기해 주는 남편 덕분에, 죄에 넘어져 자책하고 힘들어하는 제 자신을 돌이켜 세우는 회복 탄력성이 좋아졌습니다. 회복의 시간도 빨라졌고요. 덕분에 은혜를 누리고 지키는 시간에도 훈련이 필요함을 깨달았습니다. 하나님 앞에서는 버려지는 시간이 없었습니다. 넘어지는 시간도, 아파서 괴로워하는 시간도, 문제를 해결하느라 진땀 빼는 시간도 다 쓸모가 있었습니다.

은혜를 나누기 위한 질문 & 제안

1. 오늘의 감사를 다섯 가지 적고 가족과 함께 은혜를 나누어 보세요. 감사로 복음의 능력을 회복할 수 있습니다.

2. 시편136편 말씀을 읽고서 감사할 이유를 생각해 보세요.

3. 하나님의 은혜를 간직할 수 있도록 도와주는 것이 감사 이외에 또 무엇이 있는지 생각해 보고 함께 나누어 보세요.

Q.13. 이 시기에 꼭 해 줘야 할 신앙 교육을 놓치고 있는 게 아닌가 하는 불안이 있어요

| 진리 안에서 자유하라 |

두 갈래의 길 중에서 한쪽을 선택해야 할 때가 있습니다. 기도 끝에 한쪽을 선택했습니다. 그러면 보통 나머지 한쪽은 잘못된 길이라고 인식하곤 합니다. 그런데 하나님과 함께하는 우리의 길은 잘못된 길이 없습니다. 그래서 우리는 무슨 선택을 하든지 불안해할 필요가 없습니다. 우리는 언제 어디서나 예수님께만 붙어 있으면 됩니다. 정말로 주의 뜻이 아니면 주님께서 그만 가게 하십니다. 그리고 바른길로 인도해 주십니다. 우리가 복음을 붙잡고 살아간다면 어디로 가든지 안전합니다. 우리는 예수님이라는 포도나무 가지에 붙어 있는 열매이기 때문입니다. 예수님께 붙어 있다면 불안해하지 않아도 됩니다.

눈에 보이는 모습으로는 부모가 아이들을 가르치고 키우지만, 사실 그 모든 것을 주관하시는 분은 하나님이십니다. 내가 아무리 노력해도 하나님께서 허락하지 않으시면 되지 않습니다. 그렇다고 게을리 살아도 된다는 말은 아닙니다. 최선을 다하되 하나님께 맡기라는 것입니다. 그렇게 해도 내 안에 불안이 계속된다면 그 이유가 무엇일지 살펴보면 좋겠습니다. 정말로 내가 부모로서 자녀에게 책임을 다하지 못해서인지, 아니면 내 높은 기준에 부합하지 못해서인지 말이죠. 불안의 이유가 예수님께 긴밀히 연결되지 못하는 데서 나오는 것이라면, 우선 예수님 앞에 내가 붙들고 있는 것들을 내려놓을 수 있길 바랍니다.

> 수고하고 무거운 짐 진 자들아 다 내게로 오라 내가 너희를 쉬게 하리라 (마 11:28)

예수님은 우리의 불안도 주님께 내려놓으라고 말씀하십니다. 그리고 예수님께로 와서 쉬는 법을 배우라고 하십니다. 주님은 우리에게 단 한 가지를 주시는데, 바로 진리 안에서의 자유함입니다. 예수님께서 십자가에서 죽으신 이유는 우리를 죄에서 자유롭게 하려 하심입니다. 내가 오늘 붙들고 있는 죄는 무엇인가요? 그 연약함을 주님께 내어 드리고 불안함에서 자유를 얻을 수 있기를 바랍니다.

| 신앙 교육은 어떻게 해야 할까? |

신앙 교육이란 단순히 말씀을 가르치는 것에서 끝나는 것이 아닙니다. 삶과 신앙이 일치되는 것입니다. 정말로 복음의 능력이 온전히 발휘되기 위함입니다. 단적인 예로 엄마가 말씀을 들려주고 가르쳐 주면서 자녀에게 화를 참지 못한다면, 복음의 능력은 결코 기대하기 어렵습니다. 이런 경우 자녀는 부모가 들려주는 이중 메시지에 혼란스러워합니다.

서로 다른 상반된 메시지가 동시에 드러나는 것을 '이중 메시지'라고 합니다. 말은 사랑을 하라고 하지만 행동으로는 보이지 못하는 것을 보면서 자녀는 혼란을 겪게 되죠. 말과 행동의 격차가 커질수록 자녀는 힘겨워합니다. 정신 분석에서는 부모의 이중 메시지가 분열성 성격 형성의 원인이 된다고 이야기합니다. 조현병이 시작되는 이유 중 하나가 이중 메시지일 수 있다는 것입니다.

따라서 신앙 교육은 삶으로 보여 주어야 합니다. 우리의 능력과 힘이 아닌 하나님을 의지하며 그분의 은혜 안에 우리의 삶이 담길 수 있도록 구해야 합니다. 날마다 하나님의 마음을 묵상하며 은혜의 통로가 되는 삶을 살려고 노력해야 합니다. 이것이 예수님을 닮아 가는 '제자의 삶'이고 '성화의 과정'입니다.

부모가 자녀에게 실수를 했다면 어떻게 해야 할까요? 자녀이지만 부모가 자녀에게 잘못한 일들이 있다면 용서를 구해야 합니다. 자존심을 지키기 위해 잘못을 덮는다든지, 합리화하며 오히려 화를 낸다면, 자녀는 부모를 통해 복음의 능력을 온전히 체험하지 못합니다. 신앙에 대한 회의감, 불신을 가져다줄 수 있습니다. 부모는 신이 아닙니다. 자녀 앞에서 완벽한 부모인 것처럼 포장하지 않아도 됩니다. 우리는 자녀와 마찬가지로 하나님 앞에서 똑같은 죄인이기 때문입니다.

모든 사람이 죄를 범하였으매 하나님의 영광에 이르지 못하더니 그리
스도 예수 안에 있는 속량으로 말미암아 하나님의 은혜로 값 없이 의
롭다 하심을 얻은 자 되었느니라 (롬 3:23-24)

하나님의 영광에 이르지 못하는 부모와 자녀임을 인정하면, 나의
실수도 자녀에게 사과할 수 있는 부모가 됩니다. 열등감이나 자존심
때문에 자녀와 힘겨루기를 하는 모습도 점점 줄어듭니다. 십자가 앞
에서 이것들은 지켜야 할 것이 아니라 버려야 할 배설물이 되기 때문
이지요. 복음은 우리의 위치를 바꿔 놓습니다. 죄인에서 의인으로, 흉
악의 결박에 메인 자에서 진리 안에 자유로운 자로 말이죠.

| 복음의 브레이크가 필요한 순간 |

아이가 어릴 때는 부모의 실수를 부모의 큰 목소리와 권위로 넘길
수 있습니다. 그런데 네 살만 돼도 아이들은 공정하지 못한 부모의 태
도에 억울함을 표현합니다. 저의 이야기입니다. 어느 날 지인과의 약
속 시간이 얼마 남지 않아서 아이들에게 옷을 빨리 입으라고 이야기
했습니다. 분주하게 준비하고서 다시 아이들을 봤는데, 둘째와 셋째
가 서로 웃고 장난치며 놀고 있었습니다. 단 5분이 급한 저와는 달리
느긋한 아이들을 보며, 조급한 마음에 아이들에게 힘껏 톤을 높여 이

야기했습니다. "엄마가 옷 갈아입고 준비하라고 했잖아~!" 두 아이들을 앉히고 옷을 갈아입혀 주는데 저도 모르게 팔 힘이 셌던지, 막내 아이가 이내 웁니다. "엄마! 팔이가 아프게 해요. 엄마가 나를 아프게 해요."

약속에 늦을 것 같고 아이들이 저를 도와주지 않아서 조급해진 마음에 힘이 들어갔는데, 아이는 엄마가 자기를 아프게 했다고 울고 있는 상황이 되었습니다. 아차 싶었습니다. '지금 복음의 브레이크가 필요하다.' 그래서 브레이크를 밟고 핸들을 틀어 방향을 바꾸고서 아이들에게 사과했습니다. "예진아, 엄마 팔에 힘이 들어가서 아프게 했네. 미안해. 엄마가 시간이 조금밖에 없어서 얼른 옷을 입고 나가야 했어. 그런데 예진이랑 언니랑 둘이 놀고 있어서 엄마 마음이 급해서 소리도 높아졌어. 미안해. 예진이도 엄마 이야기를 듣고, 옷 입고 준비하는 걸 좀 도와줬으면 좋겠어."

아이의 눈을 보며 엄마의 진심을 전하니 아이도 속도를 내어 준비해 주었습니다. '조금만 더 온유하게 할걸, 조금 더 여유를 가지고 인내할걸' 하는 후회가 들었지요. 제 안에 통제의 우상이 올라왔던 순간이었습니다. 여러분의 가정에서도 이와 같은 일들이 종종 있을 겁니다. 온유하고 오래 참는 엄마로 살아가는 게 늘 쉽지만은 않습니다. 우리는 연약한 죄인이기 때문입니다. 순간순간 내 옛 모습들이 불쑥 튀어나옵니다. 그래서 더욱 삶 속에서 예수님을, 그분이 보여 주신 말씀을 부여잡고 나아갑니다.

부모인 우리가 하나님과의 관계에서 충분한 은혜와 안식을 얻으면, 자녀는 그것을 보고 하나님을 알아 가며 배우게 됩니다. 자녀에게 어떤 하나님을 보여 주고 있으신가요? 말로만 사랑을 가르치고 있다면 이제는 부모의 삶 속에서 행함으로 사랑을 보여 주고 가르쳐 줄 수 있기를 소망하고 결단해야 합니다. 물론 이것이 쉽지는 않습니다. 사탄은 우리가 은혜 안에 살아가는 것을 기뻐하지 않기 때문이지요. 그런데 명심하세요. 이미 예수님께서는 사탄과 싸워 승리하셨습니다. 그리고 자녀인 우리에게 이길 수 있는 능력을 주셨습니다.

죄의 속박에서 벗어나 진리 안에서 자유로운 그리스도인으로 살아갈 수 있도록 성령님이 우리와 함께하십니다. 믿고 삶으로 복음의 은혜를 누리면 주님께서 우리의 삶을 인도해 주십니다. 주님은 늘 우리에게 말씀하십니다. 말씀이 삶 가운데 능력이 되도록 살아 내는 것이 그리스도인의 삶입니다. 복음을 선포하며 살아 내야 합니다. 예수님의 이름으로 선포해야 합니다. 자녀에게 복음의 은혜를 가르치지 말고 나누어 주세요. 부모의 삶과 언어, 표정을 통해 자녀에게 하나님이 전달됩니다. 말로만 신앙을 전하지 말고 행함을 동반하여 전할 수 있는 부모가 되길 소망합니다.

1. 자녀 양육에 대한 나의 불안이 무엇으로부터 기인한 불안인지 마음을 살펴 보며 분별해 보세요.

2. 아래의 말씀을 묵상하며, 부르심받은 자녀 양육을 어떠한 마음과 자세로 해 나가야 할지 생각해 보세요.

그러므로 주 안에서 갇힌 내가 너희를 권하노니 너희가 부르심을 받은 일에 합 당하게 행하여 모든 겸손과 온유로 하고 오래 참음으로 사랑 가운데서 서로 용 납하고 평안의 매는 줄로 성령이 하나 되게 하신 것을 힘써 지키라 (엡 4:1-3)

3. 복음의 브레이크를 잡지 못해서 자녀에게 본이 되지 못하고 상처를 준 적이 있나요? 아무 말 없이 지나쳤다면, 자녀에게 진심으로 사과하는 시간을 가 져 보세요.

Q.14. 아이에게 신앙 교육을 꾸준히 하는 게 너무 힘들어요

신앙 교육을 함에 있어서 가장 중요한 것이 무엇이냐고 묻는다면, 자녀에게 일관성 있는 태도로 복음을 가르쳐 주고 은혜를 전하는 것이라고 생각합니다. 성경을 어떻게 가르쳐 주는지도 중요하지만, 아무리 좋은 음식도 지속적으로 먹지 못하면 효과가 없으니 성실하게 하는 것이 중요합니다. 하루 고급 레스토랑에 가서 식사하고 10일을 굶을 것인가, 매일 화려하지 않더라도 골고루 균형 잡힌 집밥을 매일 먹을 것인가 선택해야 한다면 어떤 선택을 하시겠어요?

| 인간이 감당해야 하는 가장 중요한 소명 |

폴 트립은 "인간을 움직이는 것은 가치다"라고 말하면서 자신이 가장 중요하게 생각하는 것이 무엇인지에 따라서 말과 시간과 물질

의 사용, 인간관계와 습관 등 모든 게 달라진다고 이야기합니다.[9] 내가 생활하고 있는 모습을 살펴보면 무엇을 가치 있게 생각하고 있는지 결정된다는 것이죠. 여러분은 자녀 양육을 인간이 감당해야 하는 가장 중요한 소명이라고 생각하시나요? 오늘 나는 어디에 가장 많은 시간을 할애했나요? 일, 공부, 자녀 양육, 신앙 교육, 집안일 등등. 오늘 그리고 지난 일주일, 한 달 동안의 삶을 돌아보세요. 시간과 재정과 생각을 어디에 가장 많이 사용했는지 점검해 보면 내가 가장 소중하게 여기는 가치가 무엇인지 알 수 있어요. 자녀를 양육하며 아이들을 성공시키는 데 관심이 있는지, 아이들의 건강이 중요한지, 내 일이 중요한지 말이죠. 부모인 내가 중요하게 여기는 가치가 하나님의 은혜를 전해 주는 일인지 아닌지 조금만 생각해 보고 자신을 점검해 본다면, 신앙 교육이 꾸준히 이루어지지 않는 이유를 알게 될 것입니다.

저는 교회를 다녔지만 스물세 살까지 성경 말씀을 꾸준히 읽어 본 적이 없었어요. 겉보기에는 신앙이 좋은 것처럼 보였지만, 속은 텅 빈 무늬만 크리스천이었죠. 예배 참석도 하고 교회 행사도 다 참여했지만, 기초가 튼튼하지 않은 신앙인이었습니다. 그저 종교 생활을 하는 사람이었죠. 하나님을 사랑한다고 하고, 예수님 때문에 내 삶이 바뀌었다고 말은 했지만, 그저 말뿐인 신앙이었습니다.

결국 스무 살이 넘어서 제게 찾아온 고난 앞에서 믿음도 삶도 통째로 흔들렸습니다. 친언니는 대학에 들어가서 성경 공부를 하다가 신

---

9   폴 트립, 《완벽한 부모는 없다》, 김윤희 옮김 (서울: 생명의말씀사, 2017), 31.

천지에 빠졌고, 동생인 저에게도 정체를 숨기고 신천지 교리를 전했습니다. 다행히 교회 목사님과 주변 지인들의 도움으로, 저는 신천지 공부를 얼마 하지 않고 그만둘 수 있게 되었습니다. 하지만 언니는 신천지에서 빠져나오지 못하고 더 깊이 들어갔습니다. 그 사이에 엄마는 힘들게 모은 큰돈을 날렸습니다. 사기를 당했거든요. 저희 가정은 위태한 줄 위에 서 있었습니다. 어려운 문제 속에서 아무것도 할 수 없었고, 저는 극도로 불안했습니다. 이런 사실을 아빠에게 말도 못 하고 속으로 앓다가 병이 나더라고요. 우울증에 무기력까지 더해지고 낙심하며 괴로웠습니다. 주변 사람들의 이야기도, 책도 도움이 되지 않았습니다. 저희 가정은 이런 일들로 인해 모두 힘든 시간을 겪었습니다. 그런데 그 힘든 시간을 하나님의 은혜를 힘입어 이겨 냈습니다. 내면의 상처를 마주 보고 이겨 내는 삶을 살아갈 수 있게 되었습니다. 어떻게 가능했을까요?

그 힘은 말씀과 기도로부터 시작되었습니다. 작정하고서 말씀을 읽고 기도를 드리면서 삶이 회복되었습니다. 말씀을 읽으면서 하나님께서 주시는 소망과 희망을 알아 갔고, 제 삶이 변하기 시작했습니다. 상황은 변하지 않았지만, 주님은 제 마음을 고치셨고 다시 일어날 힘을 주셨습니다. 값없이 쏟아부어 주신 주님의 은혜였습니다. 말씀과 기도가 습관이 되기까지 오랜 시간이 걸렸지만, 성령님께서 저 스스로 바꿀 수 없는 모습들을 바꿔 가기 시작하셨습니다. 이때부터 말씀을 읽고 기도드리는 삶이 너무나 즐겁고 재미있었습니다. 매일 주님을 만나는 삶이 행복했기 때문이죠. 누가 시키지 않아도 말씀을 읽으며 하나님을 알아 갔고 기도를 드렸습니다. 아버지의 뜻을 알고 분별하며 교제하는 삶이 너무나도 기뻤습니다.

'말씀을 읽어야지', '기도해야지', '아이들에게 날마다 복음을 전해야지'라는 생각은 가지고 있지만, 실천이 3일 이상 되지 않나요? 삶의 중심은 예수님이 확실한데 실천이 어렵다면, '정말 내가 중요하게 생각하고 있는 것은 무엇일까?'를 물으며 진지하게 주님 앞에 자신을 돌아보길 바랍니다. 내 삶에 정말로 주님이 중요한데 어떻게 하는지 몰라서인지, 주님을 만나는 습관이 되지 않아서인지, 아니면 중요하지 않으면서 중요하다고 생각하는 것인지 고민해 보아야 합니다.

부모인 우리에게 있어서 자녀에게 하나님을 바르게 전해 주는 일보다 더 중요한 일은 없습니다. 하나님을 신뢰하고 그분의 성품을 닮아 가는 삶, 그리고 내가 이 세상에 태어난 이유, 나를 향한 하나님의 계획이 무엇인지 자녀들이 알도록 하는 게 부모에게 주어진 중요한 사명입니다. 하나님을 통해서 존재의 이유가 있음을 발견하고 그분의 말씀을 따라 살아가는 삶이 본질이 되도록 가르쳐 주어야 합니다. 만약 이것이 가치 없는 일이라고 생각한다면 내 삶의 우선순위, 생각의 우선순위를 먼저 정비할 수 있도록 생각과 마음을 주님께로 맞추어야 합니다.

자녀에게 예수님을 소개하고, 그들의 삶이 복음이 기준 되어서 살아가도록 돕는 것이 부모의 소명이자 가장 중요한 임무입니다. 예수님을 핍박했던 사도 바울은 본질을 깨닫게 되자 자신의 삶을 복음 전하는 데 올인 했습니다. 우리가 깨달아야 하는 본질은 무엇인가요?

> 십자가의 도가 멸망하는 자들에게는 미련한 것이요 구원을 받는 우리에게는 하나님의 능력이라 (고전 1:18)

> 내가 달려갈 길과 주 예수께 받은 사명 곧 하나님의 은혜의 복음을 증언하는 일을 마치려 함에는 나의 생명조차 조금도 귀한 것으로 여기지 아니하노라 (행 20:24)

이 본질적인 부분에서 점검이 다 되었다면, 이제 방법적인 측면에서 도움을 얻을 수 있는 것을 생각해 보면 됩니다. 정말로 자녀 양육에 대한 내 마음과 중심이 바른데 혼자서 꾸준히 하기가 어렵다면, 교회 공동체나 목회자 혹은 동역자들과 함께 말씀을 읽고 자녀들에게 은혜를 나누어 줄 수 있는 환경을 만들어 가시길 바랍니다.

| 나의 소명, 우리의 사명을 발견하다 |

2022년 3월에 막내의 어린이집 입소를 기다리는 2021년 하반기는 제게 고민의 시기였습니다. 그토록 기다렸던 시간이기도 했습니다. 막내가 어린이집에 가면 그 시간에 무엇을 해야 할지 이때부터 생

각했습니다. '일을 해야 하나? 어떤 일을 해야 하지?' 묻고 물어도 잘 모르겠어서 책을 읽으며 알아보기로 했습니다. 한 권 두 권 책을 읽으면서 내가 가장 좋아하고, 잘할 수 있는 일은 무엇일까? 하나님께서 내게 주신 달란트는 무엇인가? 중고등학교 때 했던 고민들을 아이 셋 키우고 나서도 여전히 하고 있는 저를 발견했습니다. 그런데 그때까지 저는 제가 뭘 잘하는지, 뭘 좋아하는지를 몰랐습니다.

'책을 읽어 보며 나를 알아 가 보자.' 그렇게 책을 읽기 시작했습니다. 강의를 들으면서 다음 스텝을 준비했습니다. 우연히 '인스타그램에서 나의 이야기를 시작해 보는 건 어떨까?' 하고 생각했습니다. 용기가 나지 않았지만, 친구의 도움으로 시작할 수 있었습니다. 모임에 들어온 사람들은 크리스천이 아닌 사람들도 있었습니다. 모두 인스타그램을 활용해서 어떻게 돈을 벌 수 있을지 고민했습니다. 물론 저도 돈을 벌어야겠다고 생각했습니다. 그런데 그보다 더 중요한 것을 모임에 참여하면서 깨달았습니다. 내 가치가 돈보다 하나님을 자랑하는 것에 더 기울어져 있음을 깨닫게 되었습니다. 그래서 '어떻게 하면 인스타그램에서 하나님을 자랑할 수 있을까?'를 물으며, 삶을 통해 하나님을 자랑할 수 있는 방법을 고민하기 시작했습니다. 일상을 인스타그램에 공유하면서 하나님의 일하심이 시작되었습니다. 아이들에게 잠언 말씀을 읽어 주는 사진을 찍어서 오늘의 일상을 공유하며 글을 적었습니다. 아무도 관심이 없을 줄 알았던 저의 일상을 궁금해하시는 분들이 생각보다 많았습니다. "사모님, 읽어 주고 계신 책이 뭐예요?", "저도 아이들에게 말씀 읽어 주는 일을 시작해야겠어요", "저에게도 동기 부여가 되네요" 등등, 생각지도 못한 반응에 감사했습니다. 그리고 하나님은 이 계기를 통해서 제가 무엇을 해야 하는지 기도할 때마다 감동을 주셨습니다. 신앙 교육을 해야 하는데 어떻게 해야 할지 모르는 분들과 함께해 보자. 그래서 "말씀 읽는 아이들" 모임이 시작되었습니다. "말씀 읽는 아이들" 모임은 잠언 말씀을 한 장씩 매일 아이들에게 읽어 주는 모임이었습니다. 그렇게 인스타그램에서의 사역이 시작되었습니다. 이 사역을 통해서 저는 하나님께서 주신 제 사명을 더욱 구체화해 나갔습니다. "복음의 참 의미와 능력을 알아 삶이 행복한 그리스도인을 세워 가는 것!" "다음 세대와 부모 세대에게 복음을 심는 것"이 저의 비전이 되었습니다. 주님께서 주신 사명을 이루는 삶은 지금도 진행 중입니다.

1. 현재 내 삶의 우선순위를 1순위부터 5순위까지 적어 보세요.

2. 아래의 말씀을 읽고 묵상하며, 하나님께서 내게 주신 사명을 생각해 보세요.

   내가 달려갈 길과 주 예수께 받은 사명 곧 하나님의 은혜의 복음을 증언하는
   일을 마치려 함에는 나의 생명조차 조금도 귀한 것으로 여기지 아니하노라 (행
   20:24)

3. 하나님께서 내게 주신 사명을 이루어 가는 과정 중에 어떤 은혜와 도우심이
   있었는지 나누며 서로를 격려하는 시간을 가져 보세요.

Q.15. 미디어가 자녀들에게 그렇게 해로울까요? 미디어/스마트 기기를 통제하는 게 능사일까요?

"세계관 전쟁"이라는 말을 들어 보셨나요? 우리는 기독교 세계관과 인본주의 세계관과의 전쟁터에서 살고 있습니다. 우리가 보고 읽고 듣는 모든 것 안에는 '세계관'이 담겨 있습니다. 하나님을 인정하는 '기독교 세계관'과, 눈에 보이는 자연 세계가 전부이며 이를 초월한 초자연적 세계나 절대자는 존재하지 않는다고 믿는 '인본주의 세계관'이 녹아져 있죠. 선한 것을 분별할 수 있는 능력이 필요합니다

자연주의 또는 인본주의 세계관은 절대자를 인정하지 않습니다. 그래서 절대자가 정한 기준을 또한 인정하지 않습니다. 그래서 인본주의 세계관에서 도덕적 기준은 개인의 선호에 따라 정해지게 되는 도적적 상대주의를 가져왔고, '모든 문화는 도덕적으로 동등하다'라는 문화 다원주의를 포함하게 되었습니다. 이러한 세계관이 우리 아이들이 자주 보고 접하는 문화 속에 가득 녹아 있는 것이 지금 우리의

현실입니다.

| 교묘하게 섞인 메시지를 분별하라 |

불과 10년 전만 해도 스마트폰과 영상 매체의 발달이 이렇게 빠르지도, 영향력이 크지도 않았습니다. 이제 우리는 전 세계의 모든 사건들을 너무나 쉽게 손안에서 마주하고 있습니다. 한번 스마트폰을 열면 시간 가는 줄 모르고 콘텐츠를 소비합니다. 어른도 분별하지 않으면 무엇이 옳고 그른지 분간하기가 어려운 시대입니다. 이때 가장 필요한 것은 진리를 분별할 수 있는 눈입니다. 하지만 진리가 오히려 매체를 통해 비진리인 것들과 섞이고 경계가 허물어지고 있습니다. 부모인 우리가 자녀들에게 미디어를 절제시키는 이유는 무엇일까요?

미디어를 많이 보면 뇌 발달에 안 좋아서, 정서적 건강에 좋지 않아서, 이외에도 여러 문제점이 뒤따라와서 미디어를 제한합니다. 그런데 정말로 미디어가 자녀에게 해로운 이유는 따로 있습니다. 바로, 아이들이 좋아하는 미디어 안에 비성경적인 세계관이 많이 담겨 있기 때문입니다. 그 안에 담겨 있는 인본주의 세계관이 진리를 조금씩 밀어내고 우리 아이들 안에 내재화되기 때문에, 우리는 미디어를 절제하고 분별해야 합니다. 우리에게 지금 필요한 것은 성경적 세계관의 회복과 확립입니다.

얼마 전 "이제 동성 결혼도 허용해야 한다. 요즘 10대들 결혼관이 달라졌다"라는 제목의 신문 기사를 보았습니다. 한국청소년정책연구원에서 설문 조사를 했는데, 청소년 29.5%만이 "결혼을 반드시 해야 한다"라고 대답했다고 합니다. 청소년 10명 중 3명만 "결혼은 반드시 해야 한다"라고 생각한다는 것입니다. 이들 중에 60%는 "결혼하지 않고도 자녀를 가질 수 있다"라고 답했습니다. 그리고 설문에 참여한 청소년 절반 이상이 동성 결혼을 허용해야 한다고 했습니다. 동거나 국제 결혼은 80% 이상이나 찬성했습니다. 연구진은 청소년들이 더 이상 전통적인 가치관을 유지하고 있지 않다는 사실이 이번 조사에서 드러났다며 가족, 출산 정책이 근본적으로 전환되어야 한다는 의미라고 설명했습니다.[10]

이 기사를 보면서 기자가 전달하고 싶은 것은 무엇일까 생각해 보았습니다. 겉으로는 통계적 자료를 제시하며 객관적인 정보만을 전달하려고 하는 것처럼 보일 수 있겠지요. 하지만 이 기사는 '청소년들의 인식이 이렇게 변하고 있으니, 이제는 결혼과 출산에 관한 전통적 가치관을 고수하지 말고 다양성을 존중해야 한다', '유럽처럼 차별 없는 출산과 양육 지원 프로그램을 마련해야 한다'는 생각을 전할 수 있는 기사였습니다. 본래의 전통적 가치관의 부정적 이미지를 가지게 하는 것이지요. 이러한 메시지를 분별하지 못하면, 우리는 무엇이 진리인지 모르고 따라갈 수 있습니다. 따라서 우리는 우리 아이들에게 미디

---

10 강홍민, "이젠 동성결혼도 허용해야죠. 요즘 10대들, 결혼관이 달라졌다", 《매거진 한경》, https://magazine.hankyung.com/business/article/202402155190b.

어를 오픈하기 전에 하나님의 말씀을 통해 분별할 수 있는 힘을 먼저 길러 주어야 합니다.

> 하나님의 진리는 교회 안에서만 통용되는 종교적 진리가 아닙니다. 하나님의 진리는 가정 안에서의 진리요, 사업장 안에서의 진리며, 학교 교실에서의 진리요, 실험실과 연구실에서의 진리요, 법원과 국회의사당 안에서의 진리입니다. 하나님의 진리는 온 세상을 다스리고 있는 우주적 진리입니다.[11]

> 긍정적인 생각이 중요한 것이 아닙니다. 말씀대로 생각하는 것이 중요합니다. 내가 어떻게 생각하느냐는 중요하지 않습니다. 하나님이 어떻게 생각하시느냐가 중요합니다. 이 우주는 우리 생각대로 움직이지 않고 하나님의 말씀대로 움직이기 때문입니다. 이것을 아는 것이 지혜입니다. 따라서 선지자적 사명을 감당하기 위한 첫째 조건은 하나님의 진리, 즉 기독교 세계관으로 무장하는 것입니다.[12]

| 우리 삶의 분명한 기준 |

우리는 하나님이 기뻐하시는 것과 하나님이 싫어하시는 것을 분별하며 말씀을 삶의 기준으로 삼고 살아갈 수 있어야 합니다. 변하지 않는 기준을 따라 살아가는 것이 아니라, 불변하는 진리에 우리의 기준이 맞춰지길 소망합니다. 내가 좋고 싫음이 우리 삶의 절대적인 기준

---

11 이태희, 《세계관 전쟁》 (서울: 두란노, 2016), 22.
12 위의 책, 33.

이 되어서는 안 되겠죠? 물론 이 말은 자기 취향을 다 죽이라는 말이 아닙니다. 하나님께서 기뻐하시는 테두리 안에서 우리의 기쁨과 자유를 누려야 함을 말하는 것입니다.

사실, 분별과 절제력은 꼭 스마트 기기를 사용하는 데에서만 요구되는 것은 아닙니다. 죄에 쉽게 무너질 수밖에 없는 우리는 하나님의 말씀으로 거룩하게 구별되고, 몸과 마음과 행동을 절제할 수 있는 능력이 필요합니다. 이것은 우리의 힘으로 되지 않습니다. 우리의 의지는 작은 바람에도 요동치는 갈대와 같기 때문입니다. 그래서 우리는 성령님을 의지하며 복음의 능력으로 삶 속에서 거룩함으로 성화된 삶을 실천하는 훈련을 해 나가야 합니다.

아이들이 어릴수록 스마트 기기에 의존하고 중독에 빠질 가능성이 높습니다. 건강한 생각과 정서를 가진 아이들로 자라나게 하기 위해서 부모는 스마트 기기의 올바른 활용에 대해 가르치고, 유의해야 할 점을 알려 주어야 합니다. 또 연령에 따라, 아이에 따라 시간을 정하여 사용할 수 있도록 지도해야 합니다. 특히 부모의 편의를 위해서 어느 때는 스마트 기기를 마음껏 써도 되고, 어느 때는 안 된다고 하는 일관성없는 태도를 고쳐야 합니다. 연령이 어릴수록 스마트폰에 대한 절제력이 없습니다. '숏츠충', '릴스충'이라는 단어가 새롭게 만들어진 것을 보면, 성인들도 쉽게 헤어나기 어려운 것임을 알 수 있습니다.

우리 아이들은 디지털과 떨어져서는 살 수가 없는 환경에서 살고 있습니다. 부모인 우리도 마찬가지입니다. 스마트폰으로 은행에 가지 않고서도 볼일을 볼 수 있고, 손가락으로 몇 번만 누르면 검색해서 전 세계에 있는 물건을 구입할 수 있습니다. 스마트 기기는 정말 편리합니다.

'디지털 네이티브(digital native)'라는 말을 들어보셨나요? 미국의 교육학자 마크프렌스키(Marc Prensky)가 처음 사용한 용어인데요. '디지털 원주민'이라는 뜻으로서, 태어나면서부터 각종 디지털 기기가 상용화된 디지털 환경 안에서 살게 된 세대를 말합니다. 태어나 보니 주변이 디지털 기기로 둘러싸여 있고, 손에는 스마트 기기가 있는 우리 자녀들을 '디지털 네이티브'라고 말합니다.[13]

디지털 네이티브인 우리 아이들에게 미디어를 무조건 안 된다고 차단하는 것은 오히려 역효과를 가져오는 방법일 수 있습니다. 무조건 차단하면 오히려 더 하고 싶어 하는 게 사람의 마음이기 때문이지요. 아이들이 살고 있는 시대에서 문화를 전부 다 차단할 수는 없습니다. 부모인 우리가 아이들의 죄를 다 거를 수 없듯이 말이죠. 그래서 현재를 살아가는 우리 아이들에게는 말씀을 기준으로 분별력과 절제력을 키워 가는 훈련이 중요합니다. 내가 보고 있는 미디어가, 내가 소비하고 생산하는 콘텐츠들이 성경적인지, 비성경적인지 구분하여 알 수 있는 지혜와 절제력이 필요합니다.

---

13 김지연, 《너는 내 것이라》 (서울: 두란노, 2020), 95.

시사 기획 "창"이라는 프로그램에서 중학생 아이들과 유익한 실험을 했습니다. 스마트폰이 몸의 일부가 되어 버린 10대 아이들에게 '스마트폰 안 쓰기' 실험을 도전한 것입니다. 70일간 진행된 스마트폰 안 쓰기 실험은 아이들의 자발적인 참여로 시작되었습니다. 학교에서 스마트폰을 쓰면 안 된다는 교칙을 수정하는 데 있어서 찬성과 반대가 반반이 되자 교장 선생님의 건의로 이 실험이 시작된 것입니다.

스마트폰을 절제하며 쓸 수 있다고 이야기한 아이들과 하지 못할 것이라고 생각한 선생님들과의 의견이 좁혀지지 않아서 시작된 실험이었는데, 실험 끝에 유의미한 결과들을 얻었습니다. 70일간 스마트폰을 반납하고 생활한 아이들에게서 많은 부분 변화가 이루어졌기 때문입니다. 중간중간에 그만두고 싶은 아이들도 있었고, 나름의 힘든 과정을 거쳤지만, 부모님들과 선생님, 교장 선생님의 격려와 지지 덕분에 70일의 실험이 성공적으로 마무리가 되었습니다.

스마트폰을 사용하지 않은 중학생 아이들에게 어떤 변화가 일어났을까요? 스마트폰 절제 28일째 독서, 대화, 잠이 늘었다고 합니다. 스마트폰을 대신할 무언가를 가족과 함께 의논하면서 가족과의 대화가 늘어났고, 가족과 여가 활동을 하는 시간이 늘어난 것이죠. 부모-자녀의 관계가 돈독해지는 시간이 되었고, 아이들은 안 읽던 책을 읽기 시작했습니다. 청소년기에 중요한 숙면 시간도 늘었습니다. 늦은 시간까지 핸드폰을 붙잡고 있던 아이들이 잠을 깊이 자고 일어나면서 뇌의 활동이 생산적인 커리큘럼으로 바뀌게 된 것입니다.

스마트폰을 많이 사용하면 뇌의 전두엽이 망가지는 건 다들 알고 있으시죠? 전두엽은 이성적 사고와 판단, 행동과 감정 조절 등의 역할을 수행합니다. 사람이 인간다움을 유지하고 학습할 수 있는 능력을 갖게 되는 것도 모두 전두엽 때문에 가능하지요. 주의 집중이나 판단력, 목표를 위해서 충동을 억제할 수 있는 자기 조절 능력이 모두 전두엽의 기능이라고 보면 됩니다.[14] 스마트폰 절제 70일째 아이들의 뇌는 주의 집중력이 높아졌고, 자기 조절, 작업 기억 능력 등이 향상되었습니다. 전두엽 기능이 좋아진 것이 눈에 띄게 검사 결과에서 나타난 것입니다.

│ 절제 훈련 │

미디어에 끌려가지 않는 아이로 자라게 하고 싶은 것이 모든 부모님의 소원일 것입니다. 주지 않을 수도 없고 기쁘게 줄 수도 없는 핸드폰, 공존할 수밖에 없는 미디어를 절제하고 때에 맞게 사용하는 능력을 가르쳐 주는 것이 반드시 필요합니다! 먼저 아이들에게는 교육이 필요합니다. 미디어가 자신들에게 얼마나 해로운 영향을 미치는지, 사용 연령과 기능의 제한을 두고 사용해야 하는 이유를 설명해 주세요. 그리고 아이들과 대화를 통해 얼마만큼의 자유를 허락하고 절

---

14 이홍철, 이혜나, 이준원, 《중학생 뇌가 달라졌다》 (서울: 마더북스, 2020), 126.

제를 요구할 것인지 충분히 이야기를 나누며 선을 지켜나갈 수 있게 도와주세요.

위의 실험에 참여했던 아이들은 70일이 끝나고 나서 다시 스마트폰을 손에 들게 되었습니다. 아이들은 스마트폰이 잘 쓰면 좋은 도구가 되지만, 무분별하게 사용하면 독이 되는 것을 체험했기 때문에 절제력이 월등히 높아졌다고 합니다. 스마트폰을 '그만해야지~'라고 이야기하는 부모님의 말이 더 이상 잔소리로 들리지 않고, 나를 위한 메시지로 들리기 시작했다고 말합니다. 스마트폰 과의존 때문에 고민이신가요? 그렇다면 아이와의 대화를 통해, 가족의 삶의 패턴을 점검해 보며 함께 고민을 해결해 나갈 수 있길 바랍니다.

마땅히 행할 길을 아이에게 가르치라 그리하면 늙어도 그것을 떠나지 아니하리라 (잠 22:6)

은혜를 나누기 위한 질문 & 제안

1. 나는 어떤 세계관에 입각해서 살아가고 있나요? 인본주의 세계관과 기독교 세계관의 차이에 대해서 설명해 보세요.

2. 아래의 말씀을 읽고, 인간의 생각의 결과로 우리의 가정과 사회가 당면한 문제가 무엇이 있는지 살펴봅시다.

   땅이여 들으라 내가 이 백성에게 재앙을 내리리니 이것이 그들의 생각의 결과라 그들이 내 말을 듣지 아니하며 내 율법을 거절하였음이니라 (렘 6:19)

3. 자녀에게 미디어를 허용해 주는 범위에 대해 부부의 생각이 일치하나요? 성경적 세계관의 확립을 위해 미디어를 어떻게 절제하고 지혜롭게 활용할 것인지 이야기를 나누어 보세요.

Q.16. 휴대폰을 통해서 음란물이 많이 노출돼요. 성경적 성교육, 어떻게 해야 하나요?

영상을 절제하지 못하고 보는 아이들에게 있는 한 가지 심각한 문제는 음란물의 노출입니다. 아이들이 휴대폰을 사용하는 동안 광고를 통해, 또 알고리즘을 통해 음란물이 노출되기 때문이죠. 특히 무심결에 아이들에게 자신의 휴대폰을 준 부모님이나 조부모님이 아이들의 음란물 노출을 앞당기고 있다고 성교육 상담사들은 이야기합니다.

| 음란물 노출의 시작 |

이렇게 어린 시절 감각적으로 성을 인식하게 된 아이들은 성경적으로 성을 이해하고 알기 전에 성기 중심의 성을 생각하고, 쾌락적인 부분만을 생각하는 아이들로 자라게 됩니다. 별거 아닌 것 같지만 이는 결혼에 대한 하나님의 계획과 성스러움을 무너뜨리는 시작이 되고 있습니다. 쾌락적인 성을 추구하다 보면, 배우자와의 성관계에 만족

하지 못하는 결과를 낳게 되기 때문이죠.

한 성교육 전문가는 어린아이들의 음란물 중독이 생각보다 심각한 상태에 있다고 현실을 이야기합니다. 어린 나이에 우연히 노출되어 보게 된 음란물이 어떤 의미인지 모르고 보게 되었는데, 이 아이들이 자라서 초등학교 3학년 이후에 잔상과 내용들이 떠오르고 아이들을 흔들게 된다고 합니다. 실제로 성교육 전문가 구성애 선생님도 이런 고충이 점점 더 어린아이들에게 나타나고 있고 그 사례도 많아지고 있다고 이야기합니다.

요즘은 대개 초등학교 4학년 이후를 기점으로 사춘기가 시작되는데, 성에 대해 궁금해진 아이들은 부모에게 궁금증을 물어보지 않고 바로 휴대폰이라는 곳으로 직행한다고 합니다. 부모와의 유대 관계가 좋거나 성경적 성교육이 되어 있는 경우라면 부모와 함께 성에 대한 궁금증을 해결할 텐데, 그렇지 않은 가정에서는 은밀하게 이 호기심을 해결한다고 합니다. 물론 자녀의 핸드폰 사용 시간을 규제함으로써 음란물 노출을 막을 수도 있습니다. 하지만 궁극적으로 이 문제를 해결하기 위해서는 규제가 아닌 성경적 성교육이 필요합니다. 학교가 아닌 가정에서 하나님 말씀에 근거한 성경적 성교육이 이루어져야 하는 이유입니다.

> 매스 미디어가 각종 디지털 기기를 통해 차세대의 손안으로 "일일이 직접 찾아가는 서비스"를 시작함으로써 조기 성애화의 길로 치달을 수 있는 넓은 길을 적극 제공하고 있는 이때에 우리 차세대가 말씀의 진리 위해 바로 서서 주님의 용

사들로 자랄 수 있도록 크리스천 양육자들이 일어나야 한다.[15]

마땅히 행할 길을 아이에게 가르치라 그리하면 늙어도 그것을 떠나지 아니하리라 (잠 22:6)

| 성경적 성교육 방법 |

성경적 성교육을 체계적으로 받아 본 적이 없어 무엇을 어떻게 해 줘야 할지 두려워하는 분들이 많습니다. 나이, 아이의 성향과 기질, 성에 대한 지식과 경험 등 기초적인 부분이 다르기 때문에 같은 연령 이어도 똑같이 성교육을 할 수가 없기 때문이죠. 성경적 성교육 전문가인 김지연 님은 《너는 내 것이라》에서 이렇게 이야기합니다.

아이들은 같은 나이라 해도 가정 분위기나 각자의 경험과 성에 노출된 정도에 따라 성애화의 정도가 다르고, 인생과 신앙에 대한 전반적인 성찰과 지식의 양이 다르다.[16]

그래서 성교육도 맞춤식으로 진행해야 하며, 자칫 아이들이 일방적인 금욕주의나 자유주의 성 관념으로 치우치지 않도록 성경적으로

15　김지연, 《너는 내 것이라》, 37.
16　위의 책, 56.

다림줄이 잘 내려진 교육을 해야 한다고 말합니다. 아이를 가장 잘 알고 사랑하는 사람이 바른 지식을 가지고 책임감 있게 실시해야 하며, 부모가 자녀에게 때에 맞게 생활 속에서 자연스럽게 가르치는 것이 가장 이상적이라고 말합니다.

5세 아이에게 해 줘야 할 성교육과 11세 아이에게 해 줘야 할 성교육에는 차이가 있어야겠죠? 혹여나 성경적 성교육이라고 해서 성경 말씀을 인용하는 것으로 끝내겠다는 안일한 생각을 했다면, 그 생각은 버려야 합니다. 특히 교회에서 성교육을 할 때는 성경 말씀을 정죄의 도구로 휘두르며 아이들을 겁박해서는 안 됩니다. 회개하는 자를 용서하시는 사랑과 긍휼의 하나님을 제시하지 않은 채 정죄만 하는 율법주의적인 태도를 반드시 경계해야 합니다. 또한 성경적 성교육일수록 성경에 근거한 것일 뿐만 아니라, 정신 승리를 강요하는 교육이 아닌 보다 프로페셔널한 강의여야 함을 잊지 말아야 합니다.

성경적 성교육은 말씀을 기준으로 가르쳐 주어야 하는 것이 맞습니다. 하나님께서 말씀으로 아담과 하와를 창조하신 것을 시작으로 남자와 여자를 만드신 것을 가르쳐 주어야 합니다. 남자와 여자가 아닌 다른 제3의 성을 가진 사람을 하나님께서는 창조하지 않으셨음을 분명하게 가르쳐 주어야 합니다. 하지만 동성을 사랑하는 사람들을 함부로 정죄하거나 비난할 권한이 없음도 가르쳐 주는 것이 필요합니다. 오히려 예수님의 마음으로 이들에게 바른 복음과 정체성을 전할 수 있기를 배우고 노력해야 합니다.

성경적 성교육에서 무엇보다도 중요한 것은 부모가 삶을 통해 결혼과 생명, 사람의 소중함을 보여 주는 것입니다. 자녀는 부모가 서로 사랑하는 모습을 보며 안정을 찾고 그 사랑의 에너지를 긍정적으로 인식합니다. '나'라는 존재의 소중함을 따스한 가정에서 부모의 행동과 언어와 삶을 통해 느끼고 배우는 것이 바로 자녀입니다. 이렇게 생명과 사람의 소중함을 보여 주는 가정에서 자란 자녀들은 결혼과 생명, 성에 대한 이미지가 긍정적으로 자리 잡습니다. 그런데 매일 가정의 불화 속에서 자라고 부부가 서로 헐뜯고 비난하는 환경에서 자란 아이들은 '결혼'이라는 것에 대해 부정적인 인식이 생깁니다. 그러므로 성경적 성교육을 가르쳐 주기 위해서 말씀을 가르치는 것도 중요하지만, 가장 중요한 것은 삶 가운데 정말로 말씀대로 내 배우자를 사랑하고 자녀를 사랑하는 모습을 보여 주는 것입니다. 예수님께서 교회를 사랑하셨듯이 남편은 아내를 사랑하고, 교회가 예수님을 섬기듯 아내는 남편을 섬기는 삶이 우리 자녀들의 올바른 성교육의 첫걸음임을 잊지 않길 바랍니다.

1. 자녀에게 삶 가운데 어떻게 성경적 성교육을 가르쳐 주고 있는지 돌아봅시다.

2. 에베소서 5장 22-25절 말씀에 근거해서, 하나님께서 남자와 여자를 창조하시고 서로 어떻게 사랑하며 섬기라고 가르쳐 주셨는지, 자녀에게 이야기해 주고 본을 보여 주세요.

3. 우리 아이는 성에 관하여 얼만큼 이해하고 있을까요? 지금 우리 아이에게 필요한 성교육은 무엇일까요?

Q.17. 영상을 안 보여 주면 소리 지르고 떼쓰는 아이, 어떻게 해야 할까요?

| 영상 보기 대신에 놀이 |

둘째를 임신했을 때, 교통사고로 조산기가 있어서 병원에 입원했습니다. 일주일 정도 입원하는 동안 첫째 아이는 고모 집과 할머니 집에 머물렀지요. 그때 첫째 아이는 네 살이었습니다. 일주일 후에 아이를 만났는데, 엄마가 없으니 평소보다 영상을 더 많이 보았다고 했습니다. 영상을 끄려고 하면 떼를 쓰며 더 보겠다고 울기 시작하는 아이를 보면서 참 난감했습니다. '영상을 더 보겠다고 떼쓰는 아이를 어떻게 하면 좋을까?' 사실 저희 부부는 영상 노출을 최대한 늦게 하려고 TV도 사지 않았습니다. 스마트폰도 정말 안 보여 주고 키웠는데, 공든 탑이 무너진 것 같아서 많이 속상했습니다.

우는 아이에게 더 이상 영상을 볼 수 없다고 선언하며 일주일을 보냈습니다. '가능할까?' 반신반의하며 전쟁의 시간을 보냈습니다. 그런데 일주일이 지나자, 아이가 영상을 찾지 않고 예전 상태로 돌아오기 시작했습니다. 일주일의 기적이죠? 어떻게 했을까요?

아이가 영상에 의존하던 시간을 아이의 눈높이에 맞춰 놀아 주는 시간으로 바꾸었습니다. 아이가 즐거워하는 활동을 같이하고 반응도 더 적극적으로 해 줬습니다. 책 읽기, 장난감 가지고 놀기, 산책하기, 엄마 아빠와 스킨십 하기, 맛있는 음식 먹기 등등, 영상이 생각나지 않도록 아이와 즐겁게 놀아 주는 데 집중했습니다. 아이에게 관심을 쏟아 주니 아이가 영상을 찾는 빈도수가 점점 줄어들었습니다. '엄마 아빠와 노는 것이 더 재미있구나.' 영상이 없어도 집중할 수 있는 일이 생기자, 아이는 놀이를 택했습니다.

저희는 중독을 끊는 방법 중의 하나로 '온전히 끊기'를 선택했습니다. 저희 아이가 짧은 시간 동안 미디어에 노출되었기에 가능했을 거라고 생각하실 수도 있습니다. 물론 아이의 기질과 환경에 따라서 기간이 짧아지거나 늘어날 수 있습니다. 미디어가 아이에게 좋지 않은 걸 알면서도 절제하거나 끊지 못하는 이유는 부모가 아이의 떼를 받아 줄 자신이 없기 때문입니다. 미디어가 우리 아이들에게 얼마나 해로운지 인식했다면 부모인 우리는 반드시 결단해야 합니다.

요즘은 초등학교 저학년 아이들도 친구들과 놀 때 손에 핸드폰을 들고 각자 놉니다. 어른들도 마찬가지죠. 핸드폰이라는 녀석이 우리 삶에서 정말 큰 역할을 하고 있습니다. 편리함이라는 큰 장점은 어디서도 대체할 수 없게 되었습니다. 그러나 손안에 있는 작은 핸드폰이 서로의 얼굴을 마주 보고서 표정을 읽고 공감하며 삶의 이야기를 나누고 생각하는 법을 잃어버리게 만들었습니다. 아이들이 조금만 크면 핸드폰을 만지고 평생 살아가야 하는데, 어려서부터 그렇게 할 필요가 있을까요?

여행을 가서 조식을 먹으러 식당에 내려갔습니다. 아이들을 데리고 여행 온 부모님들이 몇몇 보였습니다. 그런데 그곳에서 공통적으로 발견한 모습은 바로, 아이들이 전부 스마트폰을 보고 있는 모습이었습니다. 부모님들이 조금 편하게 밥을 먹기 위해 마련한 방안인 거죠. 돌이 지난 아이에서부터 큰 아이들 앞에 모두 영상이 틀어져 있었습니다. 이 모습을 보고 마음이 좀 많이 씁쓸하고 아팠습니다. '언제부터 우리 밥상에 스마트폰이 없으면 안 되었을까?'

《66일 밥상머리 대화법》을 쓴 김종원 작가님은 식탁에서 부모님과 나누는 대화를 통해서 부정적인 생각을 긍정적으로, 핑계와 변명으로 점철된 하루를 자기 주도와 희망으로, 타인을 배려하지 않고 못되게 굴었던 태도를 차분하고 온화하게 바꾸는 태도를 배울 수 있다고 말합니다.[17] 식탁에서 서로를 마주 보며 다양한 주제로 이야기를 나누고 있으신가요? 요즘 아이는 무슨 생각을 하고 있나요? 아이에게 삶의 자세를 가르치는 시간을 가지고 있으신가요?

---

17 김종원, 《66일 밥상머리 대화법》(서울: 카시오페아, 2023), 5-6.

부모님과 자녀가 맛있는 음식을 먹으며 서로 이야기를 나누는 시간을 통해 가족의 유대감이 커집니다. 식탁에서 이루어지는 대화의 힘은 정서적으로 매우 중요한 기능을 합니다. 실수하고 실패한 것 같아 아무에게도 털어놓지 못하는 마음을, 따뜻한 식탁에서 음식을 먹으며 부모님에게 털어놓을 수 있는 환경을 마련해 주는 건 어떨까요?

| 말씀 암송, 찬양 영상 |

아이가 어렸을 때부터 저는 아이에게 말씀과 찬양을 들려주었습니다. 태어나서 돌 때까지는 사운드북과, 엄마의 육성으로 눈을 맞추며 들려주고 보여 주었습니다. 이 시간을 통해서 아이는 엄마와 하나님의 말씀으로 교감하고 축복을 나누며 사랑을 느끼게 되죠.

가능하면 아이들에게 미디어 기기를 늦게 보여 주는 것이 좋다는 것은 많은 부모님들이 가지고 있으신 생각일 겁니다. 그래서 제 첫째 아이는 최대한 늦게 노출을 시작했습니다. 둘째, 셋째 아이는 언니들 때문에 자동적으로 조금 더 빠르게 노출되었지만, 그만큼 절제하는 훈련을 어릴 때부터 함께 했습니다.

큰아이의 경우에는 네 살 정도에 "히즈쇼 말씀 챈트"나, 유튜브를 통해 찬양 영상을 보게 해 주었습니다. 그림으로 보는 성경이나 사운드북보다 자극적이고 재미있는 영상을 아이도 역시 즐거워했습니다. 사실 영상 매체로 말씀 암송 챈트를 들려주면, 아이들은 정말 즐겁게 말씀을 암송했습니다. 즐거움으로 말씀을 받아들일 수 있는 계기가 되는 것 같아 어린 시절 아이들에게 한두 곡을 보여 주며 함께 말씀을 암송했습니다.

이때 주의할 점이 있습니다. 연령에 따라서 시간을 정하고, 아이와 먼저 얼마만큼의 영상을 볼지 이야기하는 것입니다. 처음에는 너무 어린 나이이기에 매체를 아예 차단하며 아이를 키웠습니다. 그리고 네 살 이후부터는 디지털 네이티브인 아이들에게 완벽한 차단이 목적이 아니라 필요한 콘텐츠를 활용하고 절제하는 법을 가르쳤습니다.

| 일관성의 법칙 |

사실 저희 가정도 "미디어는 안 돼!"라는 엄격한 기준을 가지고서 양육하다가 중간에 방향을 바꾸었습니다. 아이들이 안 된다는 금지하에 더 하고 싶어 하는 마음을 조절해 주기 위함이었습니다. 몰래 하는 것보다 부모와 함께 절제하고 분별할 수 있는 능력을 키워 주기로 생각하고서 부부가 함께 내린 가정 규칙이었습니다. "말씀 챈트 한 개만 함께 보자!" "화면은 보지 않고 찬양만 들을 거야." 그렇게 동영상은 한 개, 30분을 넘지 않는 기준으로 시청 연령을 고려해서 보여 주었습니다. 말씀 암송 챈트는 아이 혼자 보도록 놔두지 않고, 되도록 아이들과 함께 따라 부르며 율동도 하고 자극을 주었습니다.

처음에는 영상을 한 개만 보고 꺼야 하는데 아이도 적응이 되지 않아서 더 보고 싶은 마음에 울고 떼를 쓰는 과정을 겪었습니다. 그때마다 일관성을 가지고서 "아빠 엄마랑 한 개만 보기로 약속하고 시작한

거지? 그래서 우리 한 개 봤으니 된 거야"라고 아이에게 지속적으로 이야기해 주었습니다. 그러자 이것이 아이에게 규칙으로 인식이 되어 영상을 하나만 보고 꺼도 더 보고 싶어는 했지만 울지 않고 절제할 수 있었습니다.

일관성의 법칙이 아이에게도 훈련된 것이죠. 특별한 날이거나 아이와 약속을 한 경우에는 조금 더 긴 영화도 같이 보았는데, 절제의 훈련이 있었고, 영상을 원할 때마다 볼 수 있는 것이 아니어서 그런지 한 번의 허용도 아이들이 굉장히 기뻐하는 것을 볼 수 있었습니다. 볼 때까지 볼 수 있도록 놔두거나, 기준 없이 핸드폰 사용을 허락하는 것은 아이에게 위험한 무기를 쥐여 주는 것과 같습니다. 부부가 의논하여 어떻게 핸드폰을 사용하고 미디어를 절제할 수 있을지 생각해 보고 아이들과 함께 한마음이 되어 적용해 나갈 수 있기를 노력해 보세요.

1. 우리 가정은 자녀들에게 어떻게 미디어를 보여 주고 있습니까? 규칙을 정리해 보면서 연령에 맞는 적절한 영상을 보여 주고 있는지, 과도한 노출은 아닌지, 기독교적 세계관에 어긋나는 영상은 아닌지 점검해 보는 시간을 가져 보세요.

2. 영상을 절제하며 볼 수 있는 아이가 될 때까지 어떻게 훈련하고 노력했는지 함께 이야기를 나누어 보세요. 혹시 어려움을 겪고 있는 중이라면, 앞으로의 시간을 어떻게 보낼 것인지 다짐을 나누어 보세요.

Part 4

연령별
신앙 교육

Q.18. 돌 지나고 24개월쯤 되니까, 아이가 가만히 앉아서 말씀을 듣지 않고 자꾸 돌아다녀요. 어쩌죠?

| 갓난아이일 때는 |

첫째 아이를 처음 손에 안았을 때 제가 무의식중에 아이에게 주고 있었던 것은 바로 사랑과 신뢰였습니다. "커서 이런 사람이 되거라"가 아니었지요. 그저 사랑하고 축복하는 마음으로 이 아이를 사랑하는 것이 전부였습니다. 이 세상에 태어난 그 아이가 얼마나 사랑받을 존 재인지 피부를 통해, 눈빛을 통해, 미소를 통해, 목소리를 통해 아이에게 전해 주었습니다.

갓 태어난 아이에게, 그리고 이 세상에 적응하느라 애쓰는 아이들에게는 부모의 한결같은 사랑과 신뢰가 가장 중요합니다. 태어나서 3세까지의 부모와의 애착이 자녀의 평생을 결정한다는 것은 심리학 이론들이 근거로서 이를 뒷받침합니다. 세 살 버릇 여든까지 간다는 우리나라 속담도 이와 결을 같이하는 것이죠. 요즘은 자녀 양육을 준비하지 못한 부모님들도 참 많습니다. 어린 나이에 부모가 되는 경우, 정서적으로 안정되지 못한 상태에서 아이를 낳아서 끔찍한 일들을 저지르는 경우도 뉴스를 통해 많이 듣곤 합니다. 너무나 마음이 아픈 동시에 우리가 아이들에게 가져야 할 근본적인 마음이 무엇인지 생각해 보게 됩니다. 바로 하나님께서 밤이나 낮이나 변하지 않고 사랑과 돌봄을 주시는 것처럼, 우리도 자녀들에게 그 사랑을 전해 주어야 한다는 것입니다.

신생아를 키우면서 아이에게 눈을 떼지 못하는 시기를 지날 때는 엄마에게 있어서 누구보다 지치고 힘든 시간입니다. 그때 우리는 "주님, 제가 이 아이를 양육하는 것이 아니에요. 하나님께서 이 아이의 주인이십니다. 저는 하나님의 대사가 되어 이 아이를 양육하는 부모가 되겠습니다"라는 고백을 드릴 수 있어야 합니다. 그래야 내가 줄 수 있는 사랑과 신뢰보다 더 큰 하나님의 사랑과 신뢰를 자녀에게 부어 줄 수 있으니 말이죠. 결국, 이 아이는 내 것이 아님을 인정하고, 하나님의 자녀로서 청지기의 역할을 다하는 것이 부모의 사명임을 기억하는 것! 이것이 자녀를 향한 우리의 마음이 되어야 합니다.

| 내 뜻대로 안 되는 육아 |

첫째 아이가 태어나기 전날까지 일을 할 수밖에 없었던 저는 병원 침대에서 "지금 아이를 낳으러 와서 일을 못 가게 됐어요"라고 회사에 연락을 했습니다. 일을 하느라 피곤했던 이유였을까요? 아이는 순둥이 기

질보다는 '예민보스' 기질에 가까운 아이였습니다. 잠자는 것도 예민하고, 먹는 것도 예민한 아이였습니다. 캥거루 케어를 하며 새벽에 우는 아이를 안고서 얼마나 울며 기도를 했는지…. 엄마가 만든 이유식만 먹는 아이, 냉동실에 들어간 이유식은 입에 대지도 않는 아이였습니다.

첫 아이여서 너무나 예뻤고 사랑을 가득 받았지만, 예민한 아이를 케어하며 점점 지쳐 갔습니다. 객관적으로 봐도 저는 감정과 컨디션에 따라 아이를 사랑하고 있었습니다. '둘째는 절대 낳지 말아야지!' 남편과의 잠자리도 피곤하다는 이유로 도망을 다녔습니다. 이 힘듦을 어떻게 또 감당할 수 있을지 정말 자신이 없었습니다. 제가 주는 사랑은 하나님과 비교할 수 없는 지극히 인간적이고 연약한 부모의 사랑이었습니다. "하나님, 도와주세요"라는 소리가 절로 나왔고, 사랑하는 아이에게 한결같은 사랑을 줄 수 없는 부모여서 마음이 아팠습니다. 새벽마다 울며 잠을 자지 않는 아이가 버겁고 미워서 같이 울기도 했습니다.

그러다가 어느 날, '이것이 인간적인 부모의 사랑이구나. 하나님은 어떻게 내가 미운 짓을 하고 말을 듣지 않을 때도 한결같이 예뻐하실까? 주님, 제가 이렇게 죄인인데도 주님은 여전히 저를 사랑하시네요….' 한결같이 나를 일으키시고 사랑하시는 주님의 사랑을 깊이 묵상하면서 자녀를 향한 사랑의 마음을 고칠 수 있었습니다. 은혜의 복음을 묵상할 때마다 자녀를 양육할 수 있는 사랑의 마음이 샘솟았습니다. 머리로만 느껴진 하나님의 사랑이 마음으로 알아져 가면서, 자녀를 사랑하는 제 마음의 그릇도 커져 갔습니다. 그런데 이 과정이 한 번으로 되지는 않았습니다. 하나님께서는 세 아이를 키우면서 매일

이 과정을 훈련하게 하셨습니다.

지금도 아이들의 짜증과 예민함이 거칠어질 때면 저도 덩달아 힘들고 버거울 때가 있습니다. 가끔 넘어지기도 하지만, 전보다는 조금 더 여유 있게 아이들을 받아 줄 수 있는 엄마가 되어 감이 은혜이고 감사입니다. "네가 짜증이 나는구나. 그래 엄마가 안아 줄게"라고 하며 보듬어 줄 수 있는 엄마가 되어 감이 감사입니다. 때론 다 담아 주지 못해 쏟을 때도 있지만, 아이들에게 사과하며 함께 마음을 일으켜 갈 수 있는 부모가 되어 감이 너무 감사입니다. 주님께서 내게 해 주셨던 것처럼 저도 주님을 닮아 가는 부모가 되어 감이 은혜임을 고백합니다. 사랑하는 자녀에게 한결같은 사랑과 신뢰도 내 힘으로 줄 수 없음을 고백합니다. 주님께서 내게 주셔야만 가능합니다. 그래서 주님의 은혜와 보혈을 의지합니다.

| 복음의 메시지를 잘게 잘라서 |

24개월쯤 지나고 나니, 조용히 앉아서 엄마의 이야기를 듣던 아이는 어디로 갔을까요? 계속해서 아이가 가만히 앉아서 말씀을 듣고 자랐으면 하는 바람이 있지만, 부모 마음대로 잘되지 않습니다. 1분도 집중하기 어려운 때가 있습니다. 특히 24개월 즈음 아기들은 운동 능력이 향상되어서 떼가 느는 시기입니다. 18개월 아이를 키우는 엄마들이 '18'을 많이 외친다는 말을 한 번쯤은 들어 보셨을 거예요.

이 시기의 아이들은 걸음마를 떼고 운동성이 향상되면서 호기심이 가득한 상태입니다. 내가 만지고 싶고 경험해 보고 싶은 욕구가 높은 시기지요. 그래서 어렸을 때 가만히 앉아서 엄마의 이야기를 들어 주는 아이들을 상상하면 안 됩니다. 물론 아이의 기질에 따라서 위험한 것을 즐기지 않고 차분한 성향의 아이들도 있습니다만, 아이가 집중하지 않고 돌아다녀도, 엄마는 아이에게 말씀을 전해 주고 복음을 들려주는 일을 멈춰서는 안 됩니다. 대신, 아이가 흥미 있어 하고 놀이를 하는 가운데 복음의 메시지를 잘게 잘라서 전해 주는 연습을 해 나가는 것이 필요합니다.

"하나님께서 이 세상을 만드셨어!"라고 할 때, 창세기 1장 1절 말씀을 가지고 하나님의 전능하심과 위대하심을 몸으로, 목소리로 표현해 주세요. 몸으로 아이와 함께 하나님을 찬양하는 시간을 가져 보세요. 아이는 부모의 진심과 열심을 기억합니다. 하나님께서 우리를 말씀으로 지으셨기 때문에 우리는 그분의 말씀에 반응하도록 창조되었습니다. 그리고 복음에 반응합니다. 레고를 가지고 노아의 방주를 만들어 보세요. 단을 쌓아 제사를 드렸던 것을 이야기하며 우리가 왜 하나님을 예배하는지 기억할 수 있게 놀아 주세요. 놀이를 통해 세상을 배우는 아이들에게 놀이를 통해 하나님의 말씀도 배울 수 있게 고민해 보는 부모님들이 되시기를 바랍니다.

| 예진이가 달라졌어요 |

첫째, 둘째 언니가 말씀을 듣고 암송하는 것을 어릴 때부터 보고

자라온 막내 예진이는 돌이 되기 전부터 성경책을 참 좋아했습니다. 보고 들은 게 정말 중요하구나 싶을 정도로, 막내는 혜택을 많이 받았습니다. "아침에 엄마랑 말씀 읽자" 하면, 18개월 즈음 되니 자기가 알아서 성경책을 가져오기도 했습니다. 말씀을 읽어 주면 "아멘~ 아멘~" 하며 대답해 주는 아이가 너무 사랑스러웠죠. 그렇게 하나님께 예배드리는 것이 무엇인지 언니들과 가정의 문화를 통해 배워 가는 예진이었는데, 24개월 전에 달라지기 시작했습니다. 좀처럼 가만히 앉아 있지를 못하고, 말씀은 듣는 둥 마는 둥, 그동안 봐 왔던 모습과는 정반대의 모습이어서 저희 부부는 예진이의 모습에 적응하는 시간이 필요했습니다.

대개의 아이들은 가만히 앉아서 집중하기 어렵습니다. 호기심이 가득해지는 시기인 만큼 부모는 아이들의 이러한 모습도 존중해 주고 이해해 주어야 합니다. 아이의 발달을 체크해 가면서 단계에 맞춰서 말씀을 전해 주어야 합니다. 엄마의 진심을 담아 말씀을 전해 주고, 삶과 연계해서 말씀의 의미를 나누어 주다 보면, 오히려 엄마가 하나님의 말씀에 은혜가 됩니다. 그러면 그 받은 은혜를 아이에게 다시 온 맘을 다해 전해 줄 수 있습니다. 자녀에게 말씀을 들려주는 행위에만 초점을 맞추면 안 됩니다. 말씀을 들려주는 행위에만 초점을 맞추면, 아이들이 앉아서 부모님의 말씀을 듣지 않는 것이 화나고 견디기 어려워질 것입니다.

우리는 율법주의자를 양성하기 위해 말씀을 들려주는 것이 아닙니다. 그 안에 담긴 참된 기쁨과 자유 그리고 우리를 위한 예수님의 사랑을 전해 주는 것이 목적이 되어야 합니다. 어렸을 때부터 복음의 기쁨을 누리며 예수님을 만나 진리 안에서 자유로운 아이들로 키울 수 있기를 소망합니다. 정죄나 비판이 아닌 사랑과 용서와 용납이 기본이 되는 자녀 양육이 될 수 있기를 바랍니다.

 은혜를 나누기 위한 질문 & 제안

1. 성경에서 자녀를 양육하는 부모의 자세와 태도는 하나님의 대리인으로 자녀를 키우는 청지기적 사명을 감당하는 것과 같습니다. 자녀를 양육하는 나의 마음 자세를 돌아보고 부족했던 것이 무엇인지 생각해 봅시다.

2. 아래의 말씀을 묵상하며 우리를 온전히 거룩하게 하시는 미쁘신 하나님께 자녀 양육의 어려움을 내어 드릴 수 있기를 바랍니다.

   평강의 하나님이 친히 너희를 온전히 거룩하게 하시고 또 너희의 온 영과 혼과 몸이 우리 주 예수 그리스도께서 강림하실 때에 흠 없게 보전되기를 원하노라 너희를 부르시는 이는 미쁘시니 그가 또한 이루시리라 (살전 5:23-24)

3. 내 뜻대로 되지 않는 자녀 양육의 시간을 보내면서 깨닫게 된 하나님의 뜻과 섭리를 나누어 보세요.

Q.19. 3-6세 유아들에게 예수님을 어떻게 가르쳐 주어야 할까요?

우선, 3세 아이에게 예수님을 어떻게 설명하면 좋을까요? 우리가 알고 있는 복음의 핵심은 '예수님'입니다. 먼저 예수님은 우리의 죄를 위해 이 세상에 오셨습니다. 구약에 드려졌던 수많은 제사를 폐하시고 예수님은 십자가에서 대신 죽으심으로, 너무나 간결하게 우리의 모든 제사를 대신하셨습니다. 예수님은 우리의 죄를 대신해서 십자가에서 돌아가셨습니다. 그리고 3일 만에 다시 살아나셨습니다. 이로 인해 죄인인 우리가 예수님의 의로움을 덧입어 의로운 자가 될 수 있게 하셨습니다. 하나님께서는 예수님의 죽으심과 부활을 믿는 자들에게 구원을 선물로 주신다고 약속하셨습니다. 그리고 이 세상이 끝나는 날 예수님의 재림을 약속하셨습니다.

3세 아이에게 너무 어려운가요? 물론 어렵다고 생각할 수 있지만 반복해서 이야기하다 보면 아이들은 이 진리를 자연스레 받아들입니다. "세 살 아이에게 죄를 어떻게 설명하죠?"라고 하는 분도 계십니다. 그런데 아이에게 "하나님은 죄를 기뻐하지 않으신대." "죄는 하나님께 순종하지 않는 마음과 행동과 생각이야"라고 반복적으로 들려주면, 아이는 죄라는 것이 무엇인지 알게 됩니다. 복음을 아이의 기준으로 너무 쉽게만 설명하려고 하는 것은 오히려 어려운 숙제가 될 수 있습니다. 하나님을 사람의 언어로 쉽게 표현하는 데는 한계가 있기 때문입니다.

| 테크닉보다는 본질 |

그러면, 3세 아이에게 복음의 핵심 메시지를 어떻게 가르쳐 주어야 할까요? 복음의 메시지는 어떻게 가르쳐 주는지도 중요하겠지만 지속적으로 마음에 새겨 주는 것이 필요합니다. 테크닉보다는 본질이 중요하다는 것이죠. 대신 이 기본적이고 본질적인 이야기를 날마다 삶으로 가르치며 은혜를 나누어 주는 것이 중요합니다.

"예수님이 너의 죄를 위해서 십자가에서 죽으셨어. 예수님은 너를 너무나 사랑하신단다. 엄마가 너를 가장 사랑하고 소중히 여기지만 엄마는 너를 대신해서 십자가에서 죽을 용기는 없어. 엄마도 무섭고 두렵거든. 그런데 예수님은 의로우시고, 죄가 없는 거룩한 분이시고, 너를 너무나 사랑하셔서 십자가를 지실 수 있으셨어. 예수님은 죽기까지 너를 사랑하신단다."

막내 아이에게 이렇게 매일 예수님의 사랑을 나누어 주었습니다. 눈물을 흘리며 예수님의 사랑과 은혜의 복음을 전해 줄 수 있는 부모의 자리가 감사했습니다. 어느 순간 아이가 이 말을 기억하고는 "엄마는 나를 위해 죽을 수 없는데, 예수님은 나를 위해 죽으셨어요"라고 말했습니다. 기억하고 있는 줄 몰랐는데 아이의 입으로 고백되는 말을 듣고는 감사하고 감격하며 은혜를 받았습니다. 아이가 예수님을 자신을 위해 죽으신 분으로 기억했다는 것이 그저 감사한 일이었습니다.

저는 아이들이 어릴 때부터 주로 성경 동화(그림)책을 가지고서 아이에게 복음을 전해 주었습니다. 아이들이 시각적인 자료가 있으면 집중을 더 잘하기 때문입니다. 어린아이들에게 그림책은 상상력을 풍부하게 해 주기도 하죠. 그림을 보면서 글로 적힌 내용보다 더 많은 것을 질문하고 답하면서 즐겁게 말씀을 나눌 수 있는 효과가 있습니다. 성경 동화책을 읽으면서 동물 이름도 물어보고, 숫자도 세고, 영어 공부도 하며 그 시간을 충분히 아이와 즐겼습니다. 물론 본질은 늘 읽어 주었죠.

아이가 엄마와 성경을 알아 가는 시간을 즐거워할 수 있도록 하는 게 첫 번째 관건입니다. 그러려면 부모의 기준을 내려놓고 아이들이 질문을 많이 할 수 있도록 물어보고, 기다려 주고, 대답해 주어야 합니다. 아이들의 마음이 열려야 복음도 물 흐르듯이 전해집니다.

성경은 같은 말씀이라 할지라도 읽을 때마다 전해지는 감동과 메시지가 다릅니다. 성령 하나님께서 그때그때 우리의 마음에 맞는 감동과 메시지를 주시기 때문이지요. 따라서 성경 동화책 한 권을 읽더라도 그때그때 다른 메시지를 아이들에게 전해 줄 수 있습니다. 골리앗과 싸운 다윗의 이야기를 통해 우리는 다윗의 성실함, 용기, 믿음 등 다양한 주제를 아이들에게 들려줄 수 있습니다. 성경 동화책을 읽어 주기 전에, 아이들에게 전해 주고 싶은 메시지가 무엇인지 부모님이 먼저 생각해 보세요. 예를 들면, 이렇게요.

성경, 성경 동화책 한 권으로 여러 가지 메시지를 전하는 방법

충성(성실) : 다윗은 양들을 치는 목동이었어요. 다윗은 자신의 역할에 최선을 다했어요. 비가 와도 양들을 치는 일을 게을리하지 않았죠. 이리 떼가 나타나도 뒤로 숨지 않고 양들을 지켜 냈어요. 다윗이 성실하게 양을 돌보고 지키는 일을 통해 골리앗과 싸울 때 어디에 돌을 던져야 할지 알 수 있었어요. 다윗은 하나님의 성품을 닮은 사람이었어요. 우리도 하나님의 성실한 성품을 닮아서 내게 주어진 오늘이라는 삶에 최선을 다하며 살아요. 예수님이 우리에게 늘 한결같은 사랑을 베푸신 것처럼, 우리도 그 사랑에 감사드리며 어떤 성실함을 훈련할지 고민해 보아요.

용기(담대함) : 다윗은 목동으로서 자신이 맡은 책임을 다할 때, 이리와 같은 짐승에게서 양을 지켜야 하는 순간들이 있었습니다. 다윗이 무섭지 않았을까요? 다윗은 골리앗을 무찌를 때 칼과 창을 의지하지 않고, 만군의 여호와를 의지하며 싸웠어요. 이리와 같은 들짐승에게서 양을 지켜야 하는 순간에도 다윗은 만군의 여호와를 의지하며 싸웠기 때문이에요. 다윗의 용기는 하나님께서 주신 거예요. 하나님은 그분을 의지하는 사람에게 용기와 이겨 낼 힘을 주시는 분이시기 때문이에요. 오늘, 용기와 담대함이 필요한가요? 그렇다면 하나님을 의지해 보세요.

믿음 : 믿음은 하나님을 향하여 변하지 않는 마음을 말해요. 어려운 일이 생겨도, 두려울 때도 하나님이 함께하시는 것을 의심하지 않는 마음이죠. 상황을 보면 골리앗은 너무 크고, 이스라엘 군대는 기가 죽어 있었지만, 다윗은 어린 소년이었음에도 상황을 바라보기보다 믿음을 지켰어요. 그리고 믿음대로 행동했어요. 우리에게는 믿음의 눈이 필요해요. 믿음의 눈은 하나님의 말씀을 읽고 신뢰하는 삶과 기도를 통해 자라나요. 어린 소년 다윗이 믿음으로 골리앗을 이길 수 있었다는 것을 기억하며, 우리 삶에서 골리앗처럼 큰 문제가 별거 아닌 작은 것이 될 수 있도록 기도와 신뢰의 삶을 잃지 말아요! 믿음이 모든 것을 이깁니다!

이렇게 주제를 정해서 성경 또는 성경 동화책을 읽어 주다 보면, 한 장면의 말씀이지만 다양한 메시지를 전달해 줄 수 있답니다.

| 말씀과 기도를 통해 |

신앙 교육이라 하면 매일 말씀 읽고 기도하는 삶을 연상하시겠죠? 물론 말씀과 기도가 중요합니다. 이것이 하나님을 알아 가는 기본이기 때문입니다. 그런데 더 중요한 본질을 놓쳐서는 안 됩니다. 바로 복음을 마음으로 이해하고 묵상하는 삶입니다. 많은 크리스천들이 말

씀을 읽습니다. 그리도 기도를 드립니다. 그런데 많은 경우 율법적이고 형식적인 테두리를 벗어나지 못합니다. 말씀을 읽는 삶에서 그쳐서는 안 됩니다. 또한 그 말씀의 기준이 누군가를 판단하고 정죄하는 기준이 되어서도 안 됩니다. 우리의 신앙은 독생자 예수님을 우리에게 보내 주신 사랑과 은혜를 깨닫고 진리 안에서 자유를 누리는 삶에서부터 시작합니다. 그리고 진리 안에서 자유로우며, 하나님 안에서 언약의 말씀에 순종함으로 단단해집니다.

스물세 살까지 성경 1독을 해 본 적도 없었고, 창세기 10장에서 벗어나 본 적이 없던 제가 말씀을 읽기 시작했습니다. 하루에 30장씩 말씀을 읽고 기도를 드리면서 육신의 연약한 모습이 고쳐지는 일들이 일어났습니다. 김치찌개를 먹을지 된장찌개를 먹을지도 고민하고, 누군가에게 무언가를 자신 있게 말하는 게 어려웠던 저였습니다. 그런데 그런 소심하고 부끄러움이 많고 결정장애의 끝판왕이었던 사람이 변했습니다. 우울증으로 살기가 싫어서 누워만 있었던 사람이 살아 움직였습니다. '말씀과 기도가 정말로 죽은 나를 살리는구나'를 몸소 체험했습니다. 그렇게 10년을 넘게 말씀과 기도로 일상을 채워 갔습니다. 성령님의 임재, 기도의 응답으로 하나님과 교제하는 게 정말 행복했습니다.

그런데 어느 날 제게 번아웃(burnout)이 왔습니다. 번아웃이 온 이유는 이것이었습니다. '말씀과 기도를 이렇게 드렸는데, 왜 난 여전히 죄에 넘어지고 변하지 못하지?' 제 안에 사랑 없음이 마음이 아팠고, 해도 해도 끝이 없는 것 같아 놓고 싶었습니다. 저는 형식에 메인 사람이었고, 교회 안에서 만들어진 율법에 묶여 힘에 겨웠습니다. 자유로운 주님의 사랑과 은혜를 누리기보다는 종교인으로 살아가고 있었습니다.

말씀을 읽고 기도하는 삶을 통해 변화했지만, 제가 놓치고 있던 것이 있었습니다. 바로 복음이었습니다. 하나님의 은혜를 머리로만 알고 마음으로 붙잡지 못했습니다. 하나님의 은혜를 체험하면서 살았지만, 발목만 잠긴 상태로 은혜를 경험하고 있었습니다.

| 날마다 붙잡아야 할 복음 |

어느 날 주님은 제게 복음을 묵상할 수 있는 기회를 주셨습니다. 사람을 통해, 책을 통해, 말씀을 통해 복음을 매일 묵상했습니다. 외식하는 자처럼 행위에 초점을 맞추어 신앙생활 하고 있었던 저에게 하나님은 예수님을 통해 제게 주신 '칭의'의 의미를 깨닫게 하셨습니다. 설교 시간에 그렇게 들었던 '칭의'가 마음으로 와닿아 눈물이 났습니다. 이로 인해 제게 늘 벗어지지 않던 무거운 짐이 벗어지는 것을 경험하게 되었습니다. 존 번연(John Bunyan)이 쓴 《천로역정》의 주인공 크리스천이 등에 메고 있던 짐이 제게도 있었는데, 칭의의 의미를 마음으로 받아들이고 나니 한순간에 가벼워졌습니다. 그 후로 십자가에서 죄인인 나를 구원하신 예수님을 날마다 놓치지 않으려고 애썼습니다. 날마다 나에게 복음을 선포하는 삶을 살아야 함도 배웠습니다. 당연하게 여겨지기도 했던 그 십자가의 은혜가 마음 깊이 느껴졌습니다. 은혜가 은혜 되는 순간, 마음과 생각과 태도에 변화가 일어났습니다. 내 행위로 구원함을 받는 것이 아님을 깊이 깨닫게 되었습니다. 죄인인 나는 그럴 힘이 없음을 고백했습니다. '주님의 주권으로 내가 구원함을 얻은 것이구나.' 이것이 정말로 선물로 제게 온 것임을 고백할 수 있음이 감사했습니다.

그 뒤로 아이들에게 매일 복음을 이야기해 줍니다. 3~6세 아이에게 가르쳐 주어야 할 가장 필요한 신앙 교육은 바로 복음을 이야기하는 것입니다. 구약을 이야기할 때도 복음을 빼놓지 않습니다. 100세에 얻은 귀한 아들을 번제물로 드려야 했던 아브라함을 이야기하면서, 죄인인 우리를 위해 하나님께서 준비하신 어린양 예수님을 가르쳐 줍니다. 우리가 죄인 되었을 때부터 이미 준비하시고 기다리고 계셨던 하나님의 사랑은 언제 나누어도 눈물 나는 사랑입니다. 날마다 붙잡아야 할 이 복음을 자녀에게 전하는 것을 주저하지 마시길 바랍니다. 복음에는 능력이 있습니다.

우리가 아직 죄인 되었을 때에 그리스도께서 우리를 위하여 죽으심으로 하나님께서 우리에 대한 자기의 사랑을 확증하셨느니라 (롬 5:8)

1. 말씀을 들려주며 예수님께서 우리를 위해 베푸신 구원의 은혜와 감격을 나누어 주고 있는지 생각해 보세요. 하나님께서 주신 은혜가 자녀에게 흘러갈 수 있도록 말씀을 들려주고 복음을 전해 주는 시간을 매일 가져 보세요.

2. 아래의 말씀을 읽고, 칭의와 구원의 은혜를 묵상하고 나누어 보세요.

   그러므로 율법의 행위로 그의 앞에 의롭다 하심을 얻을 육체가 없나니 율법으로는 죄를 깨달음이니라 이제는 율법 외에 하나님의 한 의가 나타났으니 율법과 선지자들에게 증거를 받은 것이라 곧 예수 그리스도를 믿음으로 말미암아 모든 믿는 자에게 미치는 하나님의 의니 차별이 없느니라 모든 사람이 죄를 범하였으매 하나님의 영광에 이르지 못하더니 그리스도 예수 안에 있는 속량으로 말미암아 하나님의 은혜로 값없이 의롭다 하심을 얻은 자 되었느니라 (롬 3:20-24)

3. 행위에 따라 구원을 베푸시는 하나님을 믿고 있는지, 은혜로 구원함을 베푸시는 하나님을 믿고 있는지 나의 믿음과 신앙을 돌아보는 시간을 가져 보세요.

Q.20. 어린아이들에게도
말씀 묵상이 필요한가요?

묵상의 어원인 라틴어 'meditari'(메디타리)는 '주의하다', '밤새우다', '마음으로 생각하다'라는 뜻을 가지고 있습니다. 그리고 영적인 의미로 '단련하다', '익숙해지다'라는 의미를 가지고 있습니다. 즉, 묵상은 하나님의 말씀을 반복하여 읽고 생각하며 내 생각과 마음과 삶을 하나님의 말씀으로 단련하고 만들어 가는 과정이라고 할 수 있습니다. 말씀을 반복해서 읽고 생각하는 과정을 흔히 소가 되새김질하는 것과 같다고 이야기하는데요, 묵상은 말씀이 내게 들어와서 깨달아지고 소화가 될 때까지 내 안에서 머무르게 하는 과정이기 때문이지요.

| 어린아이들도 묵상이 가능할까? |

말씀을 읽고 생각하는 묵상의 과정을 어린아이들이 할 수 없을 것

만 같지만, 성경 말씀을 들려주며 나누는 질문을 통해서 아이들도 충분히 말씀을 묵상할 수 있습니다. 부모님들께서 단순히 성경을 읽어 주고 끝내지만 않는다면 가능합니다. 아이들이 말씀을 읽고 들으면서 생기는 호기심, 질문들을 나누다 보면 자연스럽게 묵상의 과정까지 연결됩니다. 예를 들어볼까요?

천지 창조의 창세기 1장 말씀을 아이들에게 들려주다 보면 여러 가지 질문이 생깁니다. 이 세상은 아무것도 없었는데 하나님은 말씀으로 세상을 창조하셨습니다. 우리도 똑같이 "빛이 있으라"라고 명령할 수 있습니다. 하지만 "빛이 있으라"라고 명령해도 우리에게는 빛을 만들 능력이 없음을 깨닫게 되지요. '어떻게 하나님은 말씀으로 세상을 창조하셨을까?' '이 세상에 말씀으로 세상을 창조할 수 있는 존재가 또 있을까?'라는 질문을 하다 보면, 이 세상을 창조하시고 나를 만드신 하나님께서 정말로 전능하신 분이심을 깨닫게 됩니다.

단순히 "하나님이 태초에 천지를 창조하셨어"라는 말씀을 들려주는 것에 그치지 않고, 천지를 창조하신 하나님의 전능하심과 그분의 능력 아래 살아가고 있는 현재를 이어 주며 삶에서 감사와 위대하심을 찬양할 수 있도록 말씀과 삶을 묶는 과정이 바로 말씀 묵상입니다. 전에도 계셨고, 지금도 계시며, 앞으로도 그 능력의 오른손으로 내 삶을 붙드시고 인도하실 하나님을 자녀들에게 가르쳐 줄 수 있는 가장 좋은 방법이 바로 '말씀 묵상'인 것입니다.

시편 1편 1-2절에는 "복 있는 사람은 악인들의 꾀를 따르지 아니하며 죄인들의 길에 서지 아니하며 오만한 자들의 자리에 앉지 아니하고 오직 여호와의 율법을 주야로 묵상"한다고 기록되어 있습니다. 그리고 쉬운 성경으로 1편 2절 말씀을 다시 살펴보면, "그는 여호와의 가르침을 즐거워하고, 밤낮으로 그 가르침을 깊이 생각합니다"라고 기록되어 있습니다.

말씀을 묵상한다는 것은 말씀을 단순히 이해하고서 끝내는 것이 아닙니다. 그 말씀이 주는 의미를 깊이 생각하며 살아간다는 것입니다. 즉, 마음속에, 머릿속에 계속 지니면서 삶을 들여다보고 반성할 수 있는 힘을 기르는 것이 묵상입니다. 그렇게 하나님의 말씀을 주야로 묵상하며 삶을 살아가다 보면, 이 사람은 시냇가에 심은 나무처럼 철을 따라 열매를 맺게 되며, 그 잎사귀가 마르지 않게 되고, 하는 모든 일이 형통케 된다고 말씀에 기록되어 있습니다.

하나님의 말씀을 밤낮으로 깊이 생각하는 삶! 우리가 말씀 묵상을 너무 어렵게 생각하지 않았으면 좋겠습니다. 늘 새롭고 뭔가 뛰어난 생각을 해야 되는 건 아니니까요. 신학적인 표현을 사용해서 믿음 있음을 드러내는 것이 묵상이 아닙니다. 묵상은 하나님의 말씀에 대한 내 생각을 진술하게 표현하는 기도와 같습니다. 반드시 하나님을 찬양하는 글이 아니어도 괜찮습니다. 말씀 앞에 솔직하게 나를 돌아보는 것이 묵상의 과정입니다. 힘듦과 어려움도 주님께 솔직하게 표현하는 것입니다.

아이들과 말씀을 묻고 이야기를 나누다 보면, 어린 우리 아이들이 저보다 말씀을 묵상하는 자세가 뛰어남을 느낍니다. 아이들은 위급할 때 자신의 경험을 의지하기보다 바로 하나님을 찾거든요. 말씀에서 보고 들은 대로 "하나님 도와주세요!"라고 이야기할 때가 있습니다. 참 솔직하고 직관적입니다. 어른들은 자신의 경험과 지식을 먼저 의지하고, 안 되면 예수님께 도움을 요청하는데 말이죠. 그래서 예수님께서는 어린아이와 같은 자가 되지 않으면 천국에 들어가기 어렵다고 말씀하셨나 봅니다.

내가 진실로 너희에게 이르노니 누구든지 하나님의 나라를 어린아이와 같이 받아들이지 않는 자는 결단코 거기 들어가지 못하리라 하시니라 (눅 18:17)

| 미취학 아동의 말씀 묵상 |

한글을 모르는 아이들도 부모님과 나누는 질문을 통해 말씀 묵상의 훈련이 가능합니다. 예수님이 십자가에 달려 돌아가신 말씀을 읽으며, "예수님은 십자가에서 왜 죽으셨을까?", "예수님이 십자가에서 죽으실 때 마음이 어떠셨을까?", "예수님이 십자가에서 우리 죄를 대신해서 죽지 않으셨으면 우린 어떻게 되었을까?", "나에게는 어떤 죄가 있을까?", "죄를 깨끗하게 할 수 있는 분은 누구실까?",

"우리의 노력으로 죄를 깨끗하게 할 수 있을까?", "은혜는 뭐라고 생각하니?", "하나님께 무엇을 감사드려야 할까?", "다시 오실 예수님을 어떤 마음으로 기다려야 할까?" 등등 아이들이 충분히 생각하고 대답할 수 있도록 질문으로 묵상을 이끌어 주세요. "예수님이 십자가에 돌아가셔서 우리 죄를 용서해 주신 거야. 예은이는 그래서 어떤 생각이 들어?"

성경을 읽어 주면 자연스럽게 나오는 질문과 대화를 통해 아이는 어릴 때부터 말씀을 읽고 자신의 삶과 신앙을 연결시키는 묵상을 훈련할 수 있습니다. 그리고 "우리 죄를 용서해 주신 예수님처럼 저도 동생을 조금 더 용서해 줄래요"라고 대답하는 아이가 마음을 지킬 수 있도록 함께 기도하며 생활 속에서 도움을 주는 자세가 필요합니다.

말씀 묵상은 해 놓고, 동생과 그렇게 지내지 못한다고 비난하거나 정죄하지 마세요. 죄에 넘어질 수 있음도 가르쳐 주세요. 그럼에도 불구하고 십자가를 지신 예수님처럼 우리도 사랑하려 노력하는 삶을 살아가자고 힘을 주는 부모가 될 수 있길 바랍니다. 우리의 삶이 용서와 용납의 삶으로 변해 갈 수 있는 은혜가 있기를 축복합니다.

1. 말씀을 읽고 묵상하는 것에 대한 의미를 다시 한번 기억해 보세요.

2. 아래의 말씀처럼 여호와를 경외하는 지식을 자녀에게 가르쳐 주고 있나요?
   자녀가 하나님의 말씀을 경외할 수 있도록 말씀이 왜 중요한지 알려 주세요.

   여호와를 경외하는 것이 지식의 근본이거늘 미련한 자는 지혜와 훈계를 멸시
   하느니라 (잠 1:7)

3. 자녀와의 말씀 묵상 시간을 어떻게 보내고 훈련하고 있으신가요? 말씀 묵상
   을 통해 얻은 유익을 나누어 주세요.

Q.21. 아이들에게 성경 말씀 묵상 방법을 가르쳐 주고 싶어요

　어린아이들이 성경을 묵상하게 하는 방법은 다양합니다. 질문을 통해서, 하나님의 성품을 생각하면서, 그림을 통해서, 마인드맵을 이용해서, 큐티 책이나 성경 동화책을 이용해서 묵상할 수 있습니다.

　　　　　|　질문을 통해서　|

　우리는 생각하며 질문하는 과정을 통해 본질을 찾을 수 있는 존재로 창조되었습니다. 말씀이라는 진리를 앞에 두고 그 의미를 알아 가기 위해 질문하는 것이 바로 말씀 묵상입니다. 사유하는 과정을 통해 진리가 마음속에 보다 깊이 새겨지는 것이 바로 말씀 묵상이기 때문입니다. 논리에 맞는 질문뿐만 아니라 엉뚱한 아이들의 질문 속에서도 하나님을 찬양하고 알아 갈 수 있는 시간이 됩니다. 말씀을 읽고 다양한 각도에서 질문해 보는 것을 연습해 보세요.

당연한 질문도 아이에게 물어보다 보면, 질문을 통해 더 깊은 이야기를 나눌 수 있게 됩니다. 레스토랑에서 코스 요리를 즐기듯이 아이와 함께 대화를 나누며 말씀을 먹는 시간을 가져 보세요. 성급하게 해치우려 하지 말고, 에피타이저도 먹고 본 요리도 먹고 디저트까지 챙겨 먹으면서 우리를 위해 기록하신 말씀의 은혜를 자녀와 누리는 것을 사모할 수 있길 바랍니다.

대개 부모님이 바쁜 마음에 후다닥 해치우려 하지, 아이들은 코스 요리를 즐길 준비가 되어 있습니다. 자녀에게 복음을 전하고 싶은 간절한 마음으로 말씀을 나누다 보면 아이들의 엉뚱한 질문 안에서도 진리를 이야기할 수 있는 시간이 생깁니다. 하나님께서는 그분을 간절히 찾는 자들을 만나 주시기 때문이죠(잠 8:17). "이 세상에 물이 없으면 어떻게 될까?" 물이 없는 세상을 상상해 보는 거죠. "그럼, 뭐가 필요할까?" "물을 대체할 수 있는 것이 있을까?" 등등, 질문을 확장하다 보면 한 치의 오차도 없는 하나님께서 이 세상에 만드신 것들이 얼마나 감사한지 느낄 수 있을 거예요.

| 하나님의 성품을 생각하며 |

하나님은 여러 가지 성품을 가지신 분입니다. 때로는 의로운 분노를 쏟으시기도 하고, 한없이 사랑을 나누어 주시는 인자한 성품도 가지고 계십니다. 말씀을 읽으면서 하나님의 성품을 생각하며 묵상해 보세요. 하나님은 거룩하십니다. 또 긍휼이 많으신 분이십니다. 이런

하나님의 성품을 말씀을 통해 묵상하다 보면, 그분을 닮아 가려는 노력을 하게 됩니다. 우리의 부족한 모습은 내려놓고 하나님을 따라가는 삶을 살아가길 다짐하게 되지요.

제가 가장 자주 그리고 많이 묵상하는 하나님의 성품은 '선하심'입니다. 언제나 어디서나 '하나님은 선하시다'는 것을 말씀을 통해 묵상하고 기억했기 때문입니다. 그리고 삶 속에서 하나님의 선하심을 드러내 보이는 순간들을 경험했기 때문입니다. 하나님의 성품은 곧 나의 성품과 연관이 됩니다. 말씀을 묵상하며 우리 자녀들은 하나님을 어떻게 기억하는지 묻고 그 성품을 닮아 가는 삶을 살아갈 수 있길 바랍니다.

| 그림을 통해서 |

첫째 아이가 좋아했던 묵상 방법입니다. 7세까지 성경 동화책과 성경책을 같이 읽었던 아이가 초등학생이 되자 성경 동화책을 보는 시간이 줄어들었습니다. 대신 성경책을 한 장씩 읽으면서 말씀을 묵상하기 시작했습니다. 처음에 마태복음 말씀을 읽으면서 어려워하는 모습이 보이길래 말씀 한 장을 읽고 생각나는 장면을 그려 보기로 했습니다. '그림'과 '만들기'로 자신의 의견을 표현하는 것을 좋아하는 아이라서, 그림을 통해서 말씀 묵상을 할 때 아이도 즐거워하고, 지켜보는 저도 재미있었습니다.

그림을 그려서 말씀 묵상을 해 보니 톡톡 튀는 아이의 생각을 시각적으로 볼 수 있다는 장점이 있었습니다. 세례 요한은 메뚜기와 역청을 먹었다고 기록되어 있는데, 아이가 상상으로 세례 요한을 그리고 메뚜기와 역청을 그렸습니다. 역청이 뭔지 먼저 물어봐서 인터넷에 어떻게 생겼는지를 같이 찾아보았는데, 비슷하게 그려 냈습니다. 아이는 말씀을 읽고 궁금해하며 질문을 했고 자료를 찾았습니다. 그리고 그림을 그리면서 역청에 대해 바르게 알게 되었습니다.

다음 번에 성경에서 '역청'이라는 것이 다시 한번 언급되면 아이는 바르게 기억하고 있을까요? 이런 과정을 겪으면 잊어버리기 쉽지 않겠죠? 역청과 메뚜기를 먹으며 세례 요한이 예수님께서 오실 길을 예비한 '선지자'라는 것을 기억했습니다. 선지자라고 하면 좋은 음식을 먹을 것 같았는데, 메뚜기나 석청을 먹었다는 것이 아이에게는 조금 충격적이었나 봅니다. 아이의 눈에는 목사님이면 좋은 대접을 받는 것처럼 보였었는데, 세례 요한을 보며 선지자의 삶을 다른 시선에서 보게 되었다고 이야기를 나누었습니다.

| 마인드맵을 이용해서 |

마인드맵은 지도를 그리듯이 줄거리를 이해하고 정리하며 생각을 정리하는 방법입니다. 방사형으로 생각을 뻗어 갈 수 있어서 창의적인 생각을 이끌어 내는 데 효과적인 방법이기도 하지만, 동시에 알고 있는 지식을 효과적으로 정리하고 기억할 수 있도록 돕는 방법이기도 합니다. 마인드맵을 활용했을 때 좋은 점은 좌뇌와 우뇌를 골고루 사용할 수 있다는 점입니다. 왜냐하면 글과 그림으로 사고를 정리하는 방법이기 때문입니다.

아이들에게 마인드맵 기법을 활용해서 말씀 묵상을 하게 하면 조금 더 창의적이고, 깊은 묵상을 생각하는 데 도움이 됩니다. 또 아직 자기 생각을 표현하기 어려운 친구들에게 부담을 덜면서 묵상을 재미있는 과정으로 느낄 수 있도록 도와주기도 하죠. 그림과 글로 하얀 도화지 위에 말씀을 묵상한 것들을 연결시켜 가다 보면, 아이 스스로 하나님의 성품을 생각하고, 오늘 나와 함께하신 하나님의 은혜를 기억할 수 있도록 도와줄 수 있습니다.

| 큐티 책을 활용해서 |

보통 가정에서는 큐티 책으로 말씀 묵상을 시작합니다. 가이드를 해주기 때문이죠. 시중에 나온 큐티 책을 활용해서 말씀 묵상하는 방법을 많은 분들이 하고 계실 것 같습니다. 그렇습니다. 큐티 책을 활용하면 체계적이고 안정적으로 말씀 묵상을 할 수 있습니다. 꾸준히 해 나간다면 말이죠. 큐티 책을 활용해서 말씀 묵상을 할 때 가장 중요한 부분은 아이의 수준을 고려하는 것입니다. 연령에 맞춰서 큐티 책이 나오기는 하지만 아이에 따라 어떤 큐티 책이 잘 맞는지 고려해야 합니다. 아이가 어려워하면 진도를 조금 천천히 나가는 것도 좋습니다. 진도를 따라가는 것보다 더 중요한 것이 말씀 안에 담긴 예수님의 사랑을 깨닫는 것이기 때문이지요. 큐티 책에 나온 내용을 모두 이해해야 넘어갈지, 그렇지 않아도 넘어가는 것이 좋을지는 아이에 따라 부모님이 조절해서 진행

하면 좋겠습니다. 의무와 짐으로 큐티를 해 나가는 것이 아니라, 즐거움으로 하나님의 말씀을 받아들이는 시간이 되도록 도와주세요.

요즘 아이들은 생각하기를 싫어하고 어려워합니다. 단순하게 보고 듣고 즐기는 문화에 익숙한지라 책을 읽고 생각하는 훈련을 해 오지 않았다면 말씀 묵상이 괴로운 시간이 되기도 합니다. 그럼에도 불구하고 우리가 아이들에게 하나님의 말씀을 묵상하는 즐거움, 말씀 안에 능력을 경험하는 삶을 살아가도록 가르쳐 주지 않으면, 아이들의 믿음은 어떻게 될까요?

앞서 말했듯이, 말씀 묵상을 한다는 것은 단순히 큐티 책의 문제를 풀어가는 것을 말하는 게 아닙니다. 말씀 묵상을 하는 이유가 뭐라고 했죠? 말씀을 읽으며 하나님의 뜻을 생각하고 삶 속에 적용하는 힘을 키우기 위함입니다. 말씀에 순종하는 그리스도인으로 살아가는 것을 돕는 것이 말씀 묵상입니다. 죄에 빠져 넘어지기 쉬운 우리에게 말씀은 하나님 안에 거할 수 있도록 돕는 무기이기 때문입니다.

우리의 씨름은 혈과 육을 상대하는 것이 아니요 통치자들과 권세들과 이 어둠의 세상 주관자들과 하늘에 있는 악의 영들을 상대함이라. 그러므로 하나님의 전신 갑주를 취하라 이는 악한 날에 너희가 능히 대적하고 모든 일을 행한 후에 서기 위함이라. 그런즉 서서 진리로 너희 허리띠를 띠고 의의 호심경을 붙이고 평안의 복음이 준비한 것으로 신을 신고 모든 것 위에 믿음의 방패를 가지고 이로써 능히 악한 자의 모든 불화살을 소멸하고 구원의 투구와 성령의 검 곧 하나님의 말씀을 가지라 (엡 6:12-17)

말씀 묵상을 할 때, 먼저 말씀을 읽고서 하나님은 어떤 분이시라고 생각했는지 나누어 보세요. 묵상할 때는 복음을 중심으로 생각하고 말씀을 이해할 수 있도록 도와주세요. 처음에는 어려울 수 있지만, 성경은 결국 예수님을 이야기하는 책입니다. 창세기부터 요한계시록까지 예수님을 중심으로 성경이 쓰여 있습니다. 그래서 구약을 읽더라도 예수님을 기억하며 복음을 중심으로 말씀을 읽다 보면, 죄와 사망의 권세에서 우리를 살리신 하나님의 사랑이 읽힙니다. 요한계시록이 하나님의 심판으로 들리는 것이 아니라 여전히 우리를 사랑하시는 하나님의 사랑과 인내의 말씀으로 들립니다. 그래서 하나님 앞에서 나를 돌아보며 회개를 드릴 수 있는 마음이 생깁니다.

 은혜를 나누기 위한 질문 & 제안

1. 말씀을 읽고 복음의 참된 의미를 묵상하면서 말씀을 읽는 이유에 대해 다시 한번 생각해 보며, 마음의 중심을 바르게 하는 시간을 가져 보세요.

2. 아이들에게 말씀을 들려주는 것이 형식과 의무가 되지 않도록 경계하며 복음을 전했을 때, 하나님께서 그 안에서 부어 주신 은혜가 있다면 함께 은혜를 나누어 주세요.

Q.22. 성경 동화책을 돌려주면서 어떻게 깊이 있는 나눔을 가지면 좋을까요?

여느 날처럼 하교 후에 아이들에게 성경 말씀을 들려주고 있었습니다. 성경 동화책으로 신약 성경 말씀을 들려주었지요. 내용도 이야기해 주고, 질문도 하며, 말씀을 다 읽었는데도 아이들의 마음에는 별다른 은혜가 부어지지 않은 것 같았어요. 말씀을 읽고 난 직후 아이들이 작은 일로 티격태격하는 모습이 보였거든요. 바로 전에 말씀을 들으면서 '서로 사랑하자'라는 메시지를 나누었는데도 서로 싸우는 모습에 제 마음이 씁쓸했습니다. 예수님의 마음은 어떠실까 생각했습니다. 그리고 동시에 서로 사랑해야 함을 알지만, 저도 미워하는 마음을 가지고 이웃을 사랑하지 못하고 있는 것이 보였습니다. 그래서 책을 덮고 다시 한번 아이들에게 진심으로 우리가 서로 사랑해야 하는 이유를 이야기하기 시작했지요.

시작은 죄였습니다. 그때 아이들이 서로 싸웠기 때문에, "너희들은 이런 죄를 지었어"라고 이야기할 수도 있었습니다. 그런데 성령님께서는 아이들의 죄를 지적하기보다 엄마인 저의 죄를 먼저 고백하게 하셨습니다. "얘들아, 엄마가 좀 전에 말씀을 들려주면서 마음이 많이 찔렸어. 왜냐하면 엄마도 예수님이 말씀하신 것처럼 이웃을 내 몸과 같이 사랑하고 있지 못하고 있거든….", "엄마도요?" 아이들의 눈이 반짝였습니다. '엄마는 안 그럴 줄 알았는데, 엄마도 그런다고?'라고 생각하는 듯이 귀가 좀 전보다 쫑긋해지는 것을 볼 수 있었습니다.

그래서 이어서 제 죄를 진실하게 고백했습니다. "사실은 엄마가 정말 사랑하지 못하는 사람이 있어. 누군지 너희들에게 말하기 어렵지만 엄마도 엄마의 이런 마음이 절제가 잘 안 되더라. 사랑하는 게 참 쉽지 않아서 엄마도 마음이 힘들었어. 그런데 오늘 말씀을 읽으면서 엄마의 죄를 보게 되었어. 사랑하고 싶은 사람만 사랑하는 엄마의 이기적인 마음을…. 그래서 엄마는 예수님께 엄마의 죄를 더욱 회개하며 사랑하지 못할 것 같은 사람을 사랑하기 위해 노력하려고 해." "그리고 엄마의 힘으로만 되는 게 아니라서 하나님을 의지하며 기도드리려고 해. 너희들은 어떠니? 우리 같이 우리 죄를 하나님께 고백하며 도와달라고 기도드릴까?" 그러자 아이들도 고개를 끄덕였습니다.

엄마의 말에 아이들도 "아니오"라고 할 수 없었는지, 두 손을 모으고 함께 소리를 내서 기도를 드리기 시작했습니다. "주님, 제가 OO를 제 몸과 같이 사랑하지 못했어요." 엄마가 고백하자, 아이들도 따라서 "주님, 언니와 싸우고 동생에게 예쁘게 말하지 못해서 죄송해요"라고 하면서 회개의 기도를 드리기 시작했습니다. 엄마도 울고, 큰아이 둘째 아이도 기도를 드리면서 회개의 눈물을 펑펑 흘렸습니다. 예수님이 우리 죄를 고백할 때 용서해 주신다는 그 말씀이 얼마나 감사하고 든든하던지…. 그래서 "주홍같이 붉은 죄를 눈과 같이 희게 해 주시니 감사합니다"라고 고백하며, 또 펑펑 울었습니다.

기도 후에 모녀가 회개의 눈물을 닦으며 퉁퉁 부은 눈으로 서로를 바라보며 웃음을 터트렸습니다. 모습은 눈이 팅팅 부은 오징어 같았지만, 얼굴에서 나오는 미소는 죄를 고백함으로 주님께 용서받고 용납받아 은혜로 환했기 때문이지요. 회개의 기쁨, 주님께 죄를 고백함으로 얻는 자유함, 가벼움을 아이들도 느끼며 함께 웃을 수 있어 감사했습니다. "얘들아, 하나님께서 우리의 회개 기도를 들어주셨다. 그치? 우리 앞으로도 주님께 이렇게 기도드리며 사랑할 수 있는 마음을 가지고 살아가자. 잘 안 돼도 실망하지 말고 예수님께 도움을 요청하자. 그리고 말과 행동과 생각으로 죄를 짓지 않도록 노력하자!"라고 하니, "네~!"라고 대답하는 아이들의 입술에 미소가 가득했습니다.

| 성경 동화책, 이렇게 읽어 주세요 |

성경 동화책을 어떻게 읽어 줘야 할까요? 사실, 이 읽기 방법은 성경 동화책에만 적용되는 것이 아니라 아이들과 책을 읽어 나갈 때 적용해야 할 방법이에요. 성경책을 읽으면서 그때의 모습을 생각하고 상상할 수 있도록 도와주세요. 그리고 책을 읽을 때 복음을 중심으로 생각하고 바라볼 수 있도록 습관을 길러 주세요.

책 표지를 보면서 어떤 이야기가 시작될지 아이들이 마음껏 생각할 수 있게 시간을 주세요. "잘 모르겠어요"라고 이야기하는 아이들에게는 생각을 펼칠 수 있는 시간을 주세요. 훈련이 되면 아이들은 상상의 날개를 펴고 이야기를 써내려 갑니다. 또 이미 내용을 알고 있는 아이들에게는 알고 있는 내용을 바탕으로 새롭게 하나님의 말씀을 통해 얻을 수 있는 질문을 나누어 주세요. 감정보다 지식적인 부분에 집중하는 아이들에게는 하나님께서 어떤 마음이셨을지 물어보며 하나님의 마음과 시각으로 성경을 읽을 수 있도록 도와주세요. 반대로 감정적인 부분을 더 깊이 느끼는 아이들에게는 올바른 성경 지식을 알려 주면서 균형 있게 성경을 읽고 묵상할 수 있도록 지도해 주세요.

묵상 예시

"태초에 하나님이 천지를 창조하시니라"(창 1:1)

① 하나님의 관점으로 성경 읽는 훈련하기

 ex. "하나님은 이 세상의 처음을 만드신 분이셔. 처음에는 아무것도 없었는데 하나님은 이 세상에 필요한 것을 하나하나 만드셨지. 하나님이 왜 이 세상을 만드셨을까?"

② 아이들의 생각을 묻고 들으며 소통하기

ex. "첫째 날, 둘째 날, 셋째 날, 하루하루 만드신 것들을 보면서 무슨 생각을 해봤니? ○○(이)가 만일 창조주 하나님이라면 제일 먼저 뭐가 필요했을 것 같아?"

③ 하나님의 마음을 담아 내 삶에 적용하기

ex. "하나님은 인간에게 필요한 모든 것을 만드시는 데 집중하셨어. 태초부터 하나님이 우리를 정말 많이 사랑하셨기 때문이야. 생각해 보자. 하나님이 나를 얼마나 사랑하시는지. 그분의 사랑과 위로와 계획의 따스함을…. 우리가 이 세상을 살아갈 때 어떠한 마음으로 살아가야 하는지 느껴지니? 그 누구보다 소중하게 나를 지으시고 나를 위해 이 세상의 모든 것을 만드시고 다스리시는 하나님, 그리고 죄를 지었다고 해서 나를 싫어하시거나 버리지 않으시고 예수님을 보내 주신 그 사랑에 감사하며 하루하루 우리에게 주어진 날들을 기쁘고 감사한 마음으로 보내야겠지? 우리 그렇게 기도드리자!"

④ 하나님의 마음을 담아 기도하기

ex. "하나님 감사합니다. 천지를 지으실 때부터 나를 향한 사랑의 마음으로 하나하나 모든 것을 만드신 주님의 마음을 배웠습니다. 주님, 저는 그렇게 아버지께 소중하고 존귀한 자녀임을 고백합니다. '이제 더 이상 너는 아무것도 아니야. 너는 할 수 없어'라고 속삭이는 나쁜 말에 속지 않고 하나님께서 주신 정체성을 회복하며 날마다 주님께서 주신 자신감과 감사함과 기쁨으로 이 세상을 살아가겠습니다. 하나님께서 나를 사랑하시는 만큼 그 마음을 닮아 내 주변의 이웃을 사랑하고 가족을 사랑하며 복음을 전하는 삶이 되길 힘쓰겠습니다. 하나님의 은혜로 살아갈 수 있게 도와주세요. 구원의 은혜에 감사드리며 예수님의 이름으로 기도합니다. 아멘."

성경 말씀 또는 성경 동화책 한 권을 최선을 다해 읽어 주고 질문도 했지만, 은혜가 없으신가요? 혹시 그 가운데 복음이 빠지지 않았는지 생각해 보세요. 죄인인 우리를 위해서 이 땅에 오신 예수님, 거룩하고 죄 없으신 분이 우리를 사랑함으로 인해서 왕의 자리를 내려놓고 섬기고 희생하신 이야기, 예수님을 믿음으로 말미암아 우리에게 주어진 그리스도의 의의 옷이 얼마나 귀한 옷인지 아이들에게 이야기해 주세요. 십자가의 사랑과 능력을 마음 깊이 새기고 나누며 은혜를 전하는 나눔이 매일 매일 이어지다 보면 성경 동화책, 성경 말씀을 읽고 아이들과 함께 회개하며 눈물을 흘리는 날들이 온답니다.

저도 처음에 성경을 들려줄 때 참 당연한 메시지인 복음을 놓쳤습니다. 성경 말씀을 자녀에게 들려주는 목적은 말씀을 통해 아이들이 복음을 깨달을 수 있는 기회를 주는 역할을 하는 것입니다. 말씀을 읽는 행위만을 가르치면, 자꾸만 우리의 습관이 행위만을 중요하게 여기고 본질을 놓치도록 만듭니다. 예수님께서는 바리새인과 서기관들을 꾸짖으며, 하나님 앞에 행위만 내세우는 그들을 역겹다고 하셨죠. 그런데 도리어 병든 자들, 예수님께 고침을 받으러 나온 사람들에게는 그들 마음의 중심을 보시고 네 믿음으로 네가 구원을 받았다고 말씀하셨습니다.

겉모습보다 중심을 보셨던 주님께서 오늘도 우리에게 말씀하십니다. "무엇이 중요하냐?" 이제는 자녀가 복음의 메시지를 깊이 알고 누릴 수 있도록 날마다 전해야 합니다. 복음이란 무엇입니까? 죄가 없으신 예수님께서 죄 많은 우리를 위해 자기 목숨을 내어 주신 것입니다. 십자가에 돌아가시고 끝이 아니라 다시 살아나셔서 부활하신 것입니다. 죄인인 우리에게 구원을 허락하신 하나님의 은혜입니다. 예수님이 아니면 죽을 수밖에 없는 우리를 살려 주신 하나님의 사랑입니다. 엄마의 마음에 십자가 사랑에 대한 은혜를 채워 보세요. 복음을 묵상하며 아이들에게 이 깊은 사랑을 전하려고 노력하다 보면, 온 가족이 함께 눈물을 흘리며 회개하는 날이 반드시 올 것입니다.

1. 성경 동화책을 읽어 줄 때 복음을 빼놓지 말고 전해 주세요. 구약을 읽을 때 도 우리의 죄와 예수님의 십자가 사랑을 빼놓지 말고 말씀을 들려주세요. 복음을 나누는 것이 깊이 있는 나눔의 시작입니다.

2. 복음이 무엇인지 아래의 말씀을 살펴보며 자녀들에게 이것을 늘 전해 주세요.

이 복음은 하나님이 선지자들을 통하여 그 아들에 관하여 성경에 미리 약속하신 것이라 그의 아들에 관하여 말하면 육신으로는 다윗의 혈통에서 나셨고 성결의 영으로는 죽은 자들 가운데서 부활하사 능력으로 하나님의 아들로 선포되셨으니 곧 우리 주 예수 그리스도시니라 (롬 1:2-4)

내가 받은 것을 먼저 너희에게 전하였노니 이는 성경대로 그리스도께서 우리 죄를 위하여 죽으시고 장사 지낸 바 되셨다가 성경대로 사흘 만에 다시 살아나사 (고전 15:3-4)

모든 사람이 죄를 범하였으매 하나님의 영광에 이르지 못하더니 그리스도 예수 안에 있는 속량으로 말미암아 하나님의 은혜로 값없이 의롭다 하심을 얻은 자 되었느니라 (롬 3:23-24)

3. 성경 동화책을 자녀에게 읽어 주면서 가장 어려운 점은 무엇인가요? 깊이 있는 나눔을 갖기 위해 해결해야 할 부분이 무엇인지 생각해 보세요.

Q.23. 초등학생들에게 꼭 필요한 신앙 교육 한 가지는 무엇인가요?

| 초등학생들에게는 |

바로 성경 말씀을 읽는 것입니다. 예수님을 알아 가는 가장 기본은 성경을 읽는 것에서부터 시작합니다. 성경을 읽는 것은 좋은 신앙 서적을 읽는 것과 비교할 수 없습니다. 성경 말씀은 하나님의 감동으로 지어진 책입니다(딤후 3:16). 아무리 좋은 책도 하나님의 말씀을 따라갈 수 없습니다.

큰아이가 초등학교 1학년 때, 저는 아이에게 사복음서를 반복적으로 읽도록 했습니다. 예수님이 왜 우리의 구세주인지 말씀을 읽으면서 깨닫게 도와주었습니다. 예수님으로 인해 우리의 삶과 신분이 어떻게 바뀌었는지도 알려 주었습니다. 그다음 잠언을 읽게 했습니다. 잠언은 지혜의 보고입니다. 많은 사람들이 자기계발서를 읽곤 하는데, 잠언이야말로 최고의 자기계발서입니다. 자기계발서를 읽으면서 느낀 것입니다. '잠언을 읽어야겠구나. 잠언을 우리 아이들에게 읽게 해야겠구나!' 잠언을 읽으면서 하나님께 지혜를 구하다 보면 생각지도 않은 지혜가 열립니다.

하나님의 말씀은 살았고 운동력이 있어 좌우에 날선 어떤 검보다도 예리하여 혼과 영과 및 관절과 골수를 찔러 쪼개기까지 하며 또 마음의 생각과 뜻을 감찰하나니 (히 4:12)

하나님의 말씀에는 혼과 영과 관절과 골수를 쪼개는 능력이 있습니다. 문제가 해결되지 않아 골치가 아프신가요? 내 힘으로 안 되는 일들이 곳곳에 너무 많으신가요? 그렇다면 말씀을 읽으면서 하나님께 문제를 해결할 수 있는 지혜를 달라고 구하세요. 문제 해결 능력을 열어 달라고 구하세요. 우리 아이들에게도 삶의 어려운 문제와 상황 가운데서 하나님의 말씀에 의지하여 문제를 해결하고 그분을 의지하는 삶의 자세를 가르쳐 주세요.

그러려면 어릴 때부터 말씀 안에서 답을 찾아야 합니다. 말씀 안에서 해결받아야 합니다. 말씀을 읽는 데서만 그치지 않고, 소가 되새김질하는 것처럼 말씀을 생각하고 질문하며 삶으로 지켜야 함을 궁리하는 아이들이 될 수 있게 묵상의 힘을 키워 주세요. 그것이 이 세대 가운데서 구별된 하나님의 자녀가 되도록 도울 수 있는 유일한 방법입니다. '오직 성경! 오직 믿음! 오직 성령!'을 잊지 마세요.

| 삶과 신앙은 불가분리의 관계 |

아이에게 피노키오 책을 읽어 주고 있었습니다. 거짓말을 하면 코
가 길어지는 피노키오 이야기. 피노키오의 거짓말이 늘어날수록 코가
늘어나는 장면을 보면서 말씀이 생각났습니다. 아이에게 피노키오가
거짓말을 하는 모습은 하나님이 기뻐하지 않는 모습이라고 가르쳐 주
었습니다. 하나님께서 기뻐하지 않으시는 말과 행동과 생각은 죄라고
이야기해 주며, 피노키오 책을 읽으면서 말씀을 가르쳐 줄 수 있었습
니다. 다윗왕이 우리아의 아내 밧세바를 취하고 진실을 덮었지만, 결
국 하나님께서 나단 선지자를 통해 죄를 깨우치게 하신 일을 함께 나
누어 주었습니다. 하나님 앞에서 우리의 죄는 숨겨지지 않음을 가르
쳐 주었습니다. 영원한 거짓말도 없음을 아이에게 알려 주었습니다.
피노키오를 읽으며 죄와 죄를 이길 수 있도록 힘 주신 예수님을 나눌
수 있었습니다.

전에는 책을 읽을 때 성경책과 일반 책을 구분해서 읽었습니다. 성
경책을 읽을 때만 하나님을 이야기했습니다. 그런데 삶과 신앙이 하
나 되는 것이 우리가 지향해야 할 삶이라는 것을 알고부터는 아이들
에게도 이분법적으로 삶과 신앙을 나누지 않고 살아가는 법을 가르치
게 되었습니다. 하나님과 세상을 칼로 재어 나눌 수 없음에도, 참 많
은 그리스도인들이 하나님과 세상을 반으로 나누면서 살아갑니다. 직

장에 가면 하나님은 안 계시고, 교회에만 하나님이 계신 것처럼 살아가죠.

삶과 신앙은 뗄 수 없는 관계입니다. 삶과 신앙이 분리되면 '무늬만 크리스천'인 신앙인이 되기 쉽습니다. 우리의 신앙(믿음)은 삶에서 녹아져 나와야 합니다. 말로만이 아닌 행함 있는 믿음이 필요한 이유입니다. 우리의 삶이 곧 신앙이 되도록, 우리의 삶에서 예수님의 섬김이 묻어나도록 말이죠. 아이들에게도 이분법적으로 나누거나 가리지 말고, 삶과 신앙이 하나 되는 성숙한 믿음의 선배의 모습을 보여 줄 수 있길 바랍니다. 가정에서, 직장에서 내가 거한 모든 곳에서 예수님의 형상을 보이길 소망합니다.

1. 예수님을 알아 가는 가장 기본은 성경을 읽는 것에서부터 시작합니다. 매일 자녀가 성경 말씀을 읽을 수 있도록 도와주세요. 아침에 일어나서 말씀을 묵상할 수 있는 습관을 만들어 주세요.

2. 성경을 왜 읽어야 하는지 아래의 말씀을 읽고 하나님의 뜻을 마음에 새겨 보세요.

   모든 성경은 하나님의 감동으로 된 것으로 교훈과 책망과 바르게 함과 의로 교육하기에 유익하니 이는 하나님의 사람으로 온전하게 하며 모든 선한 일을 행할 능력을 갖추게 하려 함이라 (딤후 3:16-17)

3. 말씀을 읽고 복음을 묵상하며 아이들을 양육했을 때, 변화된 점들이 있다면 (부모 or 자녀) 그 변화의 모습들을 함께 나눠 보세요.

Q.24. 교리가 뭐예요?
교리는 언제부터 가르쳐 주어야 하나요?

사람들이 신천지와 같은 이단에 빠지는 이유가 무엇일까요? 여러 가지 이유가 있겠지만 가장 근본적인 이유는 성경을 잘 모르기 때문입니다. 또 성경에서 말하는 핵심 교리와 복음이 바르게 정리되지 않았기에 작은 틈을 열고 들어오는 이단들의 말에 유혹받고 넘어가는 것입니다. 말씀은 신앙의 기초이자 바탕이고, 교리는 신앙의 뼈대입니다. 기초 위에 신앙의 뼈대를 잘 세우고 살을 붙여야 하는데 기초도 없고 뼈대도 튼튼하지 않으니, 잘못된 교리로 그럴싸하게 무장된 이단에 관심을 갖게 되고 이내 빠져 버리는 것입니다.

우리는 성경을 읽음과 동시에 교리를 알아야 합니다. 하나님은 반지성주의자가 아니십니다. 성경을 읽고 전통 교회가 잘 정리해 놓은 교리를 배우면서 신앙의 기초와 뼈대를 튼튼하게 세워 가야 합니다.

그리고 우리의 삶 역시 성경이 가르치는 대로 예수님을 닮도록 세워 나가야 합니다.

기독교의 교리는 성경을 근본으로 오랜 시간 동안 공교회와 권위 있는 성경 학자들이 기도 가운데 성경을 깊이 있게 연구하며 정리한 성경의 체계적 이해입니다. 그래서 약 1,500년간 정리된 신학 용어들은 우리에게 있어서 중요한 신앙의 지표가 됩니다. 우리가 자주 듣는 복음, 칭의, 성화, 구원 등의 단어도 교리 용어이자 신학 용어입니다. 교리가 성경을 우선하거나 지배해서는 안 됩니다. 하지만 우리가 교리를 배워야 하는 중요한 이유가 있습니다. 웨인 그루뎀(Wayne Grudem)은《꼭 알아야 할 기독교 핵심 진리 20》에서 기독교의 기본 진리를 알고 이해하는 것은 모든 그리스도인에게 매우 중요한 일이라고 이야기합니다.[18] 왜냐하면 성경에서 가르치는 내용을 모르는 사람들은 진리와 오류를 구별할 능력이 부족한데, 교리가 성경의 교훈을 요약해 주고 성경의 바른 이해를 갖도록 도움을 주는 해석의 틀이 되기 때문입니다.

생각보다 많은 어른, 청년, 아이들이 교리가 무엇인지, 바른 교리를 아는 것이 왜 중요한지 모르고 신앙생활을 합니다. 맹목적인 종교 생활을 하는 크리스천들이 너무나 많습니다. 교회 봉사, 헌금, 새벽 예배, 주일 성수 등과 같은 '행위'에 초점을 두고 '본질'에서 벗어나서 종교 생활을 하는 것은 예수님께서도 기뻐하지 않으시는 일입니다.

---

18 웨인 그루뎀, 《꼭 알아야 할 기독교 핵심 진리 20》, 이용중 옮김 (서울: 부흥과개혁사, 2022), 9.

이 모든 것들을 왜 해야 하는지, 어떠한 마음으로 드려야 하는지를 알지 못한 채 습관적으로 해 나가면서 버거워하는 교인들이 얼마나 많은지 모릅니다. 이제부터라도 교회에서 목회자들이 바르게 가르쳐야 합니다. 성경과 교리를 통해 복음을 가르치며, 성도, 목회자 안에 잘못 자리 잡은 종교인의 모습을 돌이켜 세워야 합니다.

| 아이들에게 가능한 교육인가? |

건강한 영성을 위해서는 성경을 읽고 바른 교리를 배워 가는 것이 중요합니다. 성경보다 교리가 중요하다고 이야기하는 것이 아니라, 성경을 깊이 있고 바르게 알아 가기 위해서 교리를 아는 것이 필요하다는 말입니다. 영적 건강함은 내가 믿고 싶은 대로 믿는 것이 아니라, 성경(하나님의 말씀, 뜻)을 바르게 알고 따를 때 오는 것이기 때문이지요.

저도 개인적으로 '어린아이들에게 교리를 가르치는 것이 가능할까? 아이들이 지루해하지 않을까?'라는 생각을 했었습니다. 그런데 말씀을 들려주면서 아이들과 이야기를 나누다 보니 깨닫게 되는 것이 있더라고요. 저는 교리를 세세하게 가르쳐 준 적이 없었지만, 아이들은 말씀을 읽다가 교리를 깨우치고 있더라는 것입니다. 구원이 무엇인지, 복음이 무엇인지, 칭의는 무엇인지 정확하게 말로 그 개념을 설명하기 어려워하긴 했지만, 그 핵심은 잘 설명하고 있었습니다. 그래서 말씀과 교리는 분리된 것이 아님을, 그리고 말씀을 들려주다 보면 교리가 정리되어 갈 수밖에 없음을 알게 되었습니다.

그러나 교리 책을 가지고 한 번 더 아이들에게 가르치는 이유가 있습니다. 아이들에게 신앙의 기초를 튼튼하게 세워 주어야 할 필요가 있기 때문입니다. 어른이 되어서도 답을 찾지 못하는 중요한 질문들이 있지요. '나는 왜 사는 걸까?', '나의 사명은 무엇인가?' 등의 질문들 말입니다.

이런 질문은 대개 초등학생 때부터 시작합니다. 이 질문에 대한 답을 저는 결혼을 해서 아이를 낳고도 물었습니다. "주님, 저는 무엇을 위해 이 땅에서 살아갈까요? 저를 어떻게 사용하길 원하시나요?"라고요. 그런데 이 질문들에 대한 답을 교리에서 찾았습니다. 종교개혁 이후 장로교회의 신앙고백서로 채택된 〈웨스트민스터 신앙고백서〉를 교육을 위한 문답 형식으로 만들어 놓은 〈웨스트민스터 소요리문답〉 제1문답에서는 "사람의 제일 되는 목적"이 무엇인지에 대해서 이렇게 설명합니다.

제1문 : 사람의 제일 되는 목적은 무엇인가요?

답 : 사람의 제일 되는 목적은 하나님을 영화롭게 하며, 그분을 영원히 즐거워하는 것입니다.

그런데 이 설명의 근거가 되는 성경 말씀은 고린도전서 10장 31절의 말씀입니다.

그런즉 너희가 먹든지 마시든지 무엇을 하든지 다 하나님의 영광을 위하여 하라 (고전 10:31)

사람이 무엇을 위해 먹고 마시며 살아가야 하는지, 즉 일상을 살아가는 데 필요한 모든 일의 목적에 대해 이야기하고 있습니다. 이는 성경 전체의 가르침이기도 합니다. 그래서 웨스트민스터 소요리문답 제1문답이 이러한 성경의 중요한 가르침을 보다 명확하게 정리해 놓은 것입니다. 그러므로 교리와 성경은 따로 떼 놓을 수가 없습니다. (※ 교리 교육에 도움이 되는 책은 28장에서 소개하겠습니다.)

 은혜를 나누기 위한 질문 & 제안

1. 교리를 공부하지 못해서 잘못된 가르침에 신앙의 혼란을 겪었던 기억이 있다면, 나누어 보세요.

2. 기독교의 기본 진리를 알고 이해하는 것은 모든 그리스도인에게 중요한 일임을 기억하며, 각자가 생각하는 말씀과 교리의 중요성을 함께 나누어 보세요.

3. 말씀과 교리의 배움을 통해 '신앙의 변화와 성화의 삶'을 살아갈 수 있었던 경험이 있나요? 있다면 그때의 경험을 함께 나누어 보세요.

Q.25. 교회가 작아서 주일학교나 유치부가 없어 고민이에요

| 줄어드는 다음 세대 |

젊은 세대들이 교회를 떠나갑니다. MZ세대는 교회 안에 부조리한 모습들을 참지 않고 이동하는 것이 특징이라는 글을 보았습니다. 그 글을 읽는 시점에서 제가 섬기는 교회에서도 동일한 일들이 일어나고 있었습니다. 서로 사랑하고 견뎌 주는 것이 어렵거나 불편하거나 힘들면, 또 이치에 맞지 않으면 떠나는 이들이 많아졌습니다. 물론 인내하며 참는 이들도 있지만, 점점 더 많은 사람들이 교회를 쉽게 떠나가는 듯합니다. 어디로요? 기왕이면 보다 나은 환경과 자유롭게 신앙생활 할 수 있는 큰 교회로요. 게다가 결혼하는 가정에서 한 명의 아이도 낳지 않는 기록을 쓰고 있는 현실이기에, 저출산의 문제로 다음 세대가 세워지는 것이 점점 더 어려워지고 있습니다. 그래서 큰 교회에서는 그렇지 않더라도, 작은 교회의 유치부, 주일학교는 많이 사라지

고 있는 실정입니다.

중고등부 인원이 적어서 청년부와 통합 예배를 드리는 곳도 많습니다. 이러한 현실을 바라보면 미래는 어두워 보입니다. 하지만 우리에게는 아직 소망의 씨앗이 남아 있습니다. 바로 이 글을 읽고 있는 여러분들이 있기 때문입니다. 자녀 양육에 대해, 신앙 교육에 대해 관심이 없다면 이 책을 읽고 있지 않으셨을 겁니다. 이 책을 읽고 있다는 것은 부모의 신앙 교육이 중요하다는 것을 알고 무언가 배우기 위해 시간을 투자하고 있다는 것이니까요. 단 한 영혼이라도 하나님 앞에 바른 가치관으로 서 있다면 희망은 남아 있는 것입니다.

| 주일학교의 유래 |

주일날 아이들이 말씀을 배울 주일학교가 없어서 고민이신가요? 우리가 자라 왔던 '주일학교'가 언제 어떻게 생겨났는지부터 이야기할 필요가 있다고 생각합니다. 주일학교는 영국 산업 혁명이 일어날 때 처음 생겨났습니다. 본래 고아와 믿지 않는 아이들을 대상으로 말씀을 가르치고 교리를 가르치는 곳이 바로 주일학교였습니다. 이전에 예수님을 믿는 가정에서는 아버지가 자녀들에게 성경을 가르치거나 교육을 했기 때문에, 주일학교는 고아와 믿지 않는 아이들을 대상으로 진행되었습니다.

믿지 않는 아이들을 위해 생겨난 주일학교가 왜 지금은 교회에서 성도들의 자녀 교육을 담당하게 되었을까요? 바로 산업 혁명으로 아버지들이 일터에 나가면서 가정에서 말씀을 가르치고 전해 주어야 할 아버지의 역할을 주일학교가 대신하게 되었기 때문입니다. 그래서 많은 부모들이 교회 교육에만 자녀들을 맡기고 의존합니다.

그러나 엄밀히 말하면 교회는 가정 교육을 책임지는 기관이 아닙니다. 하나님께서는 교회에 자녀 양육을 맡기지 않으셨습니다. 하나님께서는 부모에게 자녀를 맡기셨습니다. 교회는 가정과 연결되어 자녀의 신앙 교육을 돕는 것일 뿐입니다. 자녀의 신앙 교육을 교회가 전담하거나 책임지고 해 나갈 수 없습니다. 일주일에 한 번 1~2시간 가지고 우리 아이들의 신앙과 믿음을 세우기에는 역부족입니다. 수학 학원도 일주일에 적어도 두 번은 갑니다. 피아노 학원은 거의 매일 가죠? 신앙 교육이 일주일에 한 번으로 가능할까요? 절대 안 됩니다. 언어를 배우는 것도 시간이 필요합니다. 하물며 하나님의 말씀에 기초한 가치관을 정립하는 신앙 교육을 일주일에 한 번으로 퉁칠 수 없습니다.

부모인 우리는 가정에서 매일 죄와 싸우고 씨름하는 자녀의 곁을 지키며 옆에서 도와주어야 합니다. 아무리 바빠도 해야 할 입니다. 어떻게 죄와 싸워 이겨 내야 하는지, 말씀이라는 기준을 가지고 삶에서 가르쳐 주어야 합니다. "아빠, 엄마도 너와 같은 죄인이란다. 그런데 서로 사랑하라는 것이 참 어려워." 엄마도 죄와 씨름하며 하나님 앞에서 살아가고 있다고 말해 주며 같이 이겨 낼 수 있도록 도와야 합니다. 누구에게 이 씨름을 맡기실 건가요?

자녀와 함께 죄와의 씨름을 함께 하는 과정이 바로 신앙 교육입니다. 앉아서 말씀을 가르치는 것에서만 끝나면 절대 안 되겠지요. 전쟁에 나가서 이기는 법을 이론으로만 배운 사람과 모의 훈련을 한 사람과는 차이가 분명하지 않을까요? 그래서 죄와 싸우고 이겨 내는 삶의 과정을 가정에서 같이 견뎌 주고 훈련해야 합니다. 주일학교는 신앙 교육의 돕는 역할을 할 뿐이지, 신앙 교육의 책임은 가정입니다. 이 점을 잊지 말고, 주일학교가 없어서 고민이라면 이제부터 엄마표 신앙 교육을 시작해 보세요. 월화수목금토일 죄를 이기는 은혜의 현장에 현장 감독으로 파견을 나가야 합니다.

'신앙 교육을 가르치는 사모니까, 덜 힘들겠지?' 제가 이 부분에서 조금 더 수월할 거라고 생각하시는 분들도 있을 것 같습니다. "사모님은 좋겠어요. 목사님이 옆에 계셔서요." 이렇게 말씀하시는 분들도 참 많습니다. 물론 실제적인 혜택이 없는 건 아닙니다. 가정예배를 인도할 때 목사인 남편이 있어 든든합니다. 성경의 어떤 부분을 설명해 주어야 할 때 도움을 많이 받습니다. 하지만 목사도, 사모도 삶으로 말씀을 적용하며 사는 것이 쉽지 않은 일임을 고백합니다. 저희 부부도 자녀를 양육하는 데 있어서 어느 부모님들과 같은 마음으로 치열한 하루하루를 보내고 있습니다.

죄는 목사와 사모를 구분하지 않기 때문입니다. 어쩌면 더 날카로운 잣대로 저희를 겨냥하고 있는 사탄의 무리들을 발견합니다. "목회자 자녀는 적어도 이래야 해!"라는 강요를 받으며 저희도 아이들에게 그런 모습을 많이 강요했던 적이 있었거든요. 율법적인 기준 속에 살아왔던 세월이 있었기에 어린아이에게조차 자유함을 가르쳐 줄 수 없는 순간들이 있었지요. 돌도 안 된 아이에게, 호기심이 왕성해서 만져 보고 느껴 봐야 하는 3-4세 아이에게 어른처럼 예배드리길 바라고 있다는 건 말이 안 되는 건데, 어떻게 이런 기대 속에서 힘들어했는지 지금 생각해 보면 저도 제 자신을 이해하기가 어렵습니다.

이 형식적인 신앙생활을 깨뜨리기 위해서 참 많은 시간이 필요했습니다. 집에서 가정예배를 드릴 때도 돌아다니며 집중하지 못하는 아이를 보고 인내의 시간을 보내야 했습니다. 어떻게 가르쳐 주어야 할까 고민했습니다. 용납해 주고, 온유하게 가르치고, 마음을 다해 자녀를 섬기는 시간이 때로는 고통이었고 제 자신을 깎는 과정이었습니다. 그런데 이 시간을 통해서 예수님의 마음을 알아 가고, 자녀와 동역하는 삶이 무엇인지 깨닫게 되었습니다. 부모도 역시 자녀와 함께 하나님 앞에서 같은 죄인의 모습으로 살아가는 것임을 알게 되었습니다. 부모와 자녀는 서로 견뎌 주고, 견뎌 내는 사이라는 것을 조금씩 배워 갑니다. 이 과정이 하나님께서 허락하신 은혜였습니다.

은혜를 나누기 위한 질문 & 제안

1. 주일학교의 유래에 대해 생각해 보며 우리 가정의 신앙 교육의 현주소를 점
   검해 보세요.

2. 아래의 말씀을 읽고 묵상하며, 자녀에게 하나님을 가르치는 부모의 역할을
   잘 감당해 나갈 수 있길 바랍니다.

   이스라엘아 들으라 우리 하나님 여호와는 오직 유일한 여호와이시니 너는 마
   음을 다하고 뜻을 다하고 힘을 다하여 네 하나님 여호와를 사랑하라 오늘 내가
   네게 명하는 이 말씀을 너는 마음에 새기고 네 자녀에게 부지런히 가르치며 집
   에 앉았을 때에든지 길을 갈 때에든지 누워 있을 때에든지 일어날 때에든지 이
   말씀을 강론할 것이며 너는 또 그것을 네 손목에 매어 기호를 삼으며 네 미간
   에 붙여 표로 삼고 또 네 집 문설주와 바깥 문에 기록할지니라 (신 6:4-9)

Q.26. 공룡을 좋아하거나 과학을 좋아하는 아이에게 진화론과 창조론을 어떻게 설명해 줘야 할지 모르겠어요

| 진화론과 창조론의 대결 |

"엄마, 공룡은 누가 만들었어요? 공룡이 진짜 있었어요? 노아의 방주에도 공룡이 탔어요? 그럼, 공룡은 왜 죽었어요?" 아이들이 책을 읽으면서 이런 질문을 할 때면 난감했습니다. 아이들의 교과서뿐만 아니라 일반 과학책에서는 인류의 시작을 진화론적 견해로 풀어가기 때문입니다. 반면 성경은 진화론적 견해와는 전혀 다르고 과학적으로 증명할 수 없는 일들이 많이 기록되어 있고요. 그러나 우리는 과학으로 증명되지 않는다 할지라도 믿음의 영역으로 믿고 살아갑니다.

하나님은 이 세상을 말씀으로 창조하셨습니다. 하나님께서 말씀으로 창조하신 모든 것이 과학으로 증명이 될까요? 그렇지 않습니다. 과학적으로 증명되지 않아도, 우리는 성경이 말하는 것을 사실로 믿고 받아들입니다. 성경에서 말하는 것들을 과학으로 증명해서 믿어야 한다면, 우리가 믿을 수 있는 일이 얼마나 될까요? 말씀으로 천지를 창조하신 것 외에도 예수님의 출생이나 부활, 베푸신 이적 모두 과학적으로는 증명이 되지 않는 일들입니다. 증명할 수 있는 것만 기록했다면, 성경은 작고 얇은 낱권의 책이 될지도 모릅니다.

기독교 변증 사역을 하는 아폴로지아 미니스트리(Apologia Ministries)의 와일(Jay L. Wile) 박사는 "과학은 인간 기원을 설명하기에 전반적으로 부적합하다"라고 이야기하면서 창조와 진화는 과학적 사실이 아닌 신앙의 범주에 해당된다고 말했습니다. 우리 중 아무도 거기 없었기에 창조나 빅뱅을 과학적으로 입증할 수 없다는 것이죠.[19]

진화론도 역시 창조론과 마찬가지로 가설일 수밖에 없습니다. 진화의 작업을 관찰하기 위해서는 사람의 수명보다 긴 오랜 세월 걸리고, 그것을 일반화하기에는 무리가 있기 때문이지요. 그럼에도 진화론은 과학적이고, 창조론은 믿음의 영역이라고 생각하고 가르치는 분들이 참 많습니다. 자연 과학은 실험 과학과 기원 과학으로 나누어집니다. 실험 과학은 아무도 이의를 제기할 수 없는 증거로서 나타날 수 있는 과학을 말합니다. 실험을 통해 결과치를 이끌어 낼 수 있다는 것이죠. 그러나 기원 과학은 세상의 시작에 관한 것으로서, 아무도 명백히 증명해 낼 수 없는 영역을 연구하는 학문입니다. 진화론과 창조론

---

19 이스라엘 웨인, 《성경적 세계관으로 홈스쿨 하기》, 황혜정 옮김 (서울: 꿈을이루는사람들, 2022), 102.

모두 이 '기원 과학'에 속합니다. 따라서 진화론은 과학적이고 창조론은 믿음의 영역이라고 생각하는 것은 잘못된 억측입니다. 진화론과 창조론 모두 실험으로 다 증명할 수 없는 믿음의 영역을 논하고 있습니다.

| 교과서보다 성경 |

그런데 학교에서는 진화론이 바탕이 되는 내용을 과학 시간에 배우게 됩니다. 진화론이 포함된 내용을 과학 시간에 배우게 되는 초등학교 3학년 이후부터 아이들의 세계관 충돌은 시작됩니다. 요즘 친구들은 책을 통해 더 빨리 배우게 되기도 하죠? 진화론이 베이스가 된 내용들을 학습하다 보면 말씀에 기록된 것과는 다른 사고방식 때문에 혼란을 가져옵니다. '성경 말씀과 다르네?'라고 생각하다 보면, 무엇이 정말 맞는지 헷갈려 합니다. 학교에서 배우는 것이고 과학적으로 증명된 것이니 교과서에 실린 것이 으레 더 신빙성이 있는 주장이라고 생각하면서 창조를 부정하게 될 수 있습니다. 실제로 중학교 이후부터 진화론과 창조론의 대결에서 아이들에게서 창조론은 손을 많이 얻지 못하고 있습니다. 그래서 우리는 하나님께서 만드신 이 세상의 창조 원리를 믿음으로 바라보고 받아들일 수 있도록 가르쳐 주어야 합니다.

아이들은 진화론을 주장하는 사람들이 지구의 나이를 측정하는 '탄소 연대 측정법'을 과학 시간에 배우게 됩니다. 아폴로지아 미니스트리의 와일 박사는 탄소 연대 측정법은 5만 년 혹은 그보다 오래되지 않은 것으로 추청되는 항목에만 적용할 수 있는 방법이라고 말합니다. 그리고 "탄소 연대 측정법은 백만 년의 시간 척도에는 적용조차 하지 못한다. 하물며 억만 년은 말해 무엇하랴?"라고 하면서, 단지 탄소 연대 측정법은 생겨난 지 3천 년 미만인 문명을 연구하는 모든 사람에게 중요하고 유용한 도구라고 말합니다.[20]

그래서 우리가 흔히 들어서 알고 있는 것도 다시 한번 공부하고서 바르게 가르쳐 주어야 합니다. 그리고 단순히 우리가 진화론과 논쟁하려고 창조를 이야기하는 것이 아니라, 우리의 존재와 자연 만물에 대한 하나님의 섭리를 찬양하고 높여 드리는 데 창조의 원리를 실생활에서 더 많이 생각하고 느꼈으면 좋겠습니다.

| 창조주 하나님을 찬양해요 |

제가 아이들과 산책을 하면서 늘 하는 말이 있습니다. "하나님은 정말 멋진 분이야. 어떻게 봄, 여름, 가을, 겨울을 만드시고, 이렇게 꽃과 나무들이 때에 맞게 옷을 갈아입도록 명령하셨을까? 우리는 누군가가 '~하자', '~해라'라고 이야기해야 할 때가 많은데, 자연은 말하지 않아도 움직이잖아! 하나님은 참 멋진 분이셔! 이 세상을 이렇게 창조하시고, 지금까지 다스리시잖아? 그런 하나님이 우리 하나님, 나의 하

---

20 위의 책, 101.

나님이신 게 너무 감사하다."

실생활에서 아이들에게 하나님의 창조 원리를 느낄 수 있게 해 주고, 찬양할 수 있도록 부모가 먼저 그 삶을 살아가는 것이 창조주인 하나님을 찬양하는 우리의 기본 자세요 올바른 교육이라고 생각합니다. 성경에서 창조에 관한 내용이 가장 많이 나오는 곳이 있습니다. 우리가 흔히 아는 창세기보다 시편에 하나님의 창조에 관한 내용들이 더 많이 담겨 있는데요. 시편 8, 19, 33, 48, 65, 90, 95-100, 104, 121, 144, 146-150편을 꼽을 수 있습니다. 욥기(38-41장)와 전도서에서도 창조 기사가 많이 나오고요.[21] 이 말씀들을 자녀들과 읽고 나누면서 하나님의 위대하심과 전능자의 지혜에 감탄하며 하나님께 경배드릴 수 있는 시간이 되었으면 좋겠습니다. 이 경배의 시간들이 쌓여서 창조가 과학적으로 증명되어야 믿는 것이 아니라 자연스레 믿음으로 받아들이고 오히려 과학이 하나님의 창조를 증명하는 도구가 됨을 깨달을 수 있기를 바랍니다.

---

21 신국원, 《니고데모의 안경》 (서울: IVP, 2005), 56.

1. 진화론과 창조론은 과학의 어느 부분에 속합니까? 왜 그런가요?

2. 시편 말씀에서 하나님을 찬양하는 말씀을 자녀들과 함께 나누며, 이 세상을 만드시고 운행하시는 창조주 하나님을 찬양하는 시간을 가져 보세요.

3. 과학적으로 증명되지 않은 성경의 내용이 역사적 사실로서 믿어지게 된 이유를 함께 나눠 보세요.

Q.27. 아이가 하나님을 무서워하고 벌 받을까 봐 두려워해요. 말씀을 골라서 전해 줘야 하나요?

| 두 가지 이유 |

아이가 왜 하나님을 무서워하고 두려워하게 되었을까요? 두 가지 이유가 있을 것 같습니다. 먼저, 구약에서의 심판의 하나님이 아이에게 강하게 인식되면 자기도 벌을 받을까 봐 두려워할 수 있습니다. 아이들에게 말씀을 읽어 주다 보면, 아담과 하와가 선악을 알게 하는 나무의 열매를 따 먹어서 하나님께 벌을 받는 부분이 나옵니다. 아담은 평생 일을 해야 먹을 것을 얻을 수 있게 되었고, 하와는 출산의 고통이 더해지는 벌을 받았습니다. 아이들이 이 말씀의 뜻을 잘 모를 때에도 하나님께서 이런 벌을 주셨다고 하면 무서워합니다. 뒤에 이어 노아의 방주에서 세상의 많은 사람들을 물로 심판하신 하나님도 역시 아이의 입장에서는 무서울 수 있습니다.

아이들의 연령에 따라 어릴수록 자기중심성이 큽니다. 말씀을 읽고 들을 때도 하나님의 입장과 마음을 헤아리기보다는 내 기준에서 말씀을 듣기 때문이죠. 다 큰 성인이라 하더라도 자기중심적으로 말씀을 읽고 하나님을 받아들이는 경우가 많습니다. 따라서 구약의 하나님께서 사람들에게 벌을 주시고 징계하신 이유를 아이들에게 이야기해 주어야 합니다. '죄'가 무엇인지, 어리지만 이해하고 인식할 수 있도록 도와주어야 합니다.

죄로 인해 하나님께서 우리를 벌하실 수밖에 없음을, 하나님도 인간에게 심판하시는 것이 즐거운 일이 아님을 아이들에게 꼭 설명해 주세요. 잘못했을 때 엄마가 너를 혼내고 가르치듯이, 사랑하지 않아서가 아니라 너무도 사랑하기에 바른길 가도록 가르쳐 주는 것임을 아이들에게 가르쳐 주세요. 사랑하기 때문에, 목숨보다 더 귀한 예수님을 우리에게 보내 주신 하나님의 사랑을 느낄 수 있도록 말이죠.

그래서 죄를 지어 심판하시는 하나님의 겉모습만 이야기해 주지 말고, 하나님께서 사랑하시는 자녀에게 벌하실 때의 마음, 그리고 회개하고 돌아올 때 받아 주시고 안아 주시는 모습을 이야기해 주세요. 우리 죄를 대신해서 예수님을 보내 주신 하나님의 사랑의 마음을 진리의 말씀을 통해 전해 줄 수 있길 바랍니다.

내가 너희에게 이르노니 이와 같이 죄인 한 사람이 회개하면 하늘에서는 회개할 것 없는 의인 아흔아홉으로 말미암아 기뻐하는 것보다 더하리라 (눅 15:7)

이 내 아들은 죽었다가 다시 살아났으며 내가 잃었다가 다시 얻었노라
하니 그들이 즐거워하더라 (눅 15:24)

두 번째, 부모님이 무서울 경우 하나님을 '무서운 하나님'으로 인식하게 됩니다. 통제가 심하고, 거친 말과 행동을 일삼는 부모님에게서 자란 아이들은 하나님도 무서운 하나님으로 인식하는 경우가 많습니다. 사랑을 받은 사람이 사랑을 받고 누릴 수 있듯이 내가 경험한 세계에서의 아버지를 하나님과 동일시하며 받아들이기 때문입니다. 나는 아이에게 어떤 하나님의 모습을 보여 주는 부모인지 돌아보는 시간을 가져 보시기 바랍니다. 온유하고 자비하신 하나님을 떠오르게 하는 부모인지, 늘 긴장해야 하고 두려움을 가져다주는 무서운 하나님을 떠오르게 하는 부모인지 스스로 점검해 볼 수 있으면 좋겠습니다.

| 내가 경험한 하나님 |

어릴 때 저희 아버지는 제게 사랑한다는 표현을 잘해 주지 않으셨어요. 아버지가 해 주시는 사랑의 표현은 성실하게 일하셔서 배고프지 않게 가정의 경제를 책임지는 것이었죠. 이 시대의 전형적인 아버지의 모습이었습니다. 저희 아버지는 초등학교도 졸업하지 못하시고 어린 시절 생계를 위해 기술을 배우시고 건축일을 하게 되었습니다. 말이 건축일이지 막노동 잔심부름부터 시작하셨다고 해요. 조금

씩 기술을 배워서 사업장을 차리게 되었고, 그렇게 일궈 낸 사업장에서 세 자녀를 대출 없이 대학에 보내고 키우셨습니다. 아버지는 여름이면 피부가 까맣게 타셨고, 겨울이면 추운 곳에서 추위를 이겨 가며 일하셨습니다. 일하다가 사다리에서 떨어져서 다리에 철심도 박으셨는데, 절뚝발이가 될 거라고 이야기한 의사의 말을 뒤집고 의지를 가지고 재활하셔서 어엿이 똑바로 걸어 다니시는 분이 저희 아버지이십니다.

지금 돌아보면 어떻게든 가족을 먹여 살리려는 아버지의 성실함이 바로 사랑이었는데, 어릴 때는 사랑한다고 따뜻하게 말해 주지 않는 아버지에게서 사랑을 받는다고 느껴 본 적이 없었습니다. "수고했다. 잘했다. 애썼구나." 이런 한마디가 사랑의 표현이었는데, 홀어머니 아래서 힘들게 자란 저희 아버지는 이런 말을 들어본 적도 없으셨고, 해 줄 수도 없는 분이셨던 것 같아요. 그래서 그런지 하나님은 좋으신 분인데, 하나님으로부터 아버지가 주는 사랑과 따스함은 쉽사리 느껴지지 않았습니다. 하나님은 제게 가까우면서도 먼 것 같은 그런 분이셨지요.

어느 날 기도를 드리며, '왜 나는 하나님을 아빠라고 친근하게 부르지 못하지? 하나님을 생각하면 왜 무섭고 다가가기가 어렵지?'라는 질문을 던지며 고민하고 있었습니다. 때마침 나눔을 통해 그 이유를 알게 되었습니다. 저와 아버지의 관계가 그대로 하나님과의 관계와 연결이 되고 있다는 사실을 말이죠. 아버지를 이해할 수 없었던 사춘기 시절, 생각해 보면 저는 하나님과도 그리 친한 사이는 아니었습니다. 교회는 다녔지만, 하나님이 내 옆에 가까이 계신다는 느낌은 받은 적이 없었으니까요. 기도를 들어주신다는데 도대체 내 기도는 언제 들어주시는지, 늘 멀게만 느껴지던 하나님이었습니다. 내게 모든 것을 주시는 하나님이 왜 이렇게 어렵고 불편한지 그때 알았습니다. 하나님을 제 아버지처럼 그렇게 받아들이고 있는 저를 보았습니다. 하나님께 기도드렸습니다. 하나님께서 제게 주신 사랑을 온전히 누리고 받아들일 수 있도록 가르쳐 달라고요. 그 응답이 금방 이루어진 것은 아니었지만, 하나님은 하나님과의 관계뿐만 아니라, 제 아버지와의 관계도 회복할 수 있도록 도와주셨습니다. 지금은 언제나 제 이야기를 들어 주시는 하나님 아빠! 친근하게 언제든 다가가는 아버지로서 제 안에 계십니다.

은혜를 나누기 위한 질문 & 제안

1. 하나님은 어떤 분이실까요? 하나님의 성품에 대해 아이와 함께 이야기를 나누어 보세요.

    ex) 하나님은 사랑이세요(요일 4:8). 하나님은 의로우세요(롬 3:26). 하나님은 긍휼이 많으세요(느 9:17)

    ※ 하나님의 성품에 대해 잘 알려 주는 그림책 추천
    레이첼 헬드 에반스, 매튜 폴 터너, 《하나님은 어떤 분일까?》 (바람이 불어오는 곳, 2022)

2. 아래의 말씀을 읽고 묵상하며 우리를 사랑하시는 하나님의 마음을 생각해 보세요.

    하나님이 지으신 그 모든 것을 보시니 보시기에 심히 좋았더라 저녁이 되고 아침이 되니 이는 여섯째 날이니라 (창 1:31)

    하나님이 세상을 이처럼 사랑하사 독생자를 주셨으니 이는 그를 믿는 자마다 멸망하지 않고 영생을 얻게 하려 하심이라 (요 3:16)

3. 하나님께서 나를 보호하시고 인도하신 일들을 기억해 볼 수 있도록 자녀에게 물으며, 선하신 하나님의 은혜를 나누는 시간을 가져 보세요.

Q.28. 연령이 다른 아이들을 모아 놓고 말씀을 돌려주어야 할 때는 어떻게 하면 좋을까요?

| 가장 큰아이를 기준으로 |

자매간에 또는 형제간에 나이 차이가 4살이 넘어간다면 일대일로 해 주는 게 가장 좋습니다. 그래도 나이 차이가 있는 아이들에게 같이 말씀을 들려주어야 한다면 가장 큰아이에 맞춰서 말씀을 들려주세요. 세 아이를 양육하면서 보니 작은 아이는 들으면서 자연스럽게 배워 가고 알아 가는 은혜가 있었습니다. 어려서 무슨 말인지 잘 모르고 들을 수 있지만, 반복적으로 들으면서 복음이 마음에 새겨지는 것을 볼 수 있었습니다. 언니, 오빠가 말씀을 듣고 배우는 모습을 어릴 때부터 보고 들은 동생들은 '우리 집은 하나님을 이야기하는 집'이라는 인식이 생깁니다. 또 "하나님은 좋으신 분이야, 이 세상을 만드신 분이야"와 같은, 간단하지만 절대적인 진리의 말씀을 자연스럽게 듣고 자랍니다.

여섯 살과 네 살인 둘째와 셋째, 아홉 살과 여섯 살인 첫째와 둘째가 같이 말씀을 듣고 묵상을 할 때면, 저는 큰아이에게 포커스를 맞추어 말씀을 설명해 주었습니다. 큰아이에 맞춰 설명하다 보면 동생들은 궁금한 것이 생길 때 물어보게 되어 있습니다. 같이 있지만 각자의 질문에 대한 답을 해 주고 또 이어 가면 됩니다. 부족함이 느껴지면 아이들과 단둘이 있는 시간에 아이의 눈높이에 맞춰 말씀을 이야기해 주고, 복음을 설명해 줘도 충분합니다. 말씀을 가르쳐 주는 시간을 제한하지 말고, 언제 어디서든지 자녀와 자유롭게 하나님을 이야기하고 나누어 보세요. 꼭 묵상하는 시간에만 하나님을 말해야 하는 것은 아니잖아요? 그런데 우리는 정해진 그 시간에 하나님에 관한 이야기를 끝내고 다른 시간에는 하나님을 생각하지 않으려는 경향이 있습니다. 예수님과 동행하는 삶은 그분을 언제 어디서나 생각하고 대화를 나누는 삶입니다. 말씀을 늘 기억하며 생각과 행동이 주님께 초점이 맞춰질 수 있도록 하는 것입니다.

자녀들에게 말씀을 설명해 줄 때 사람의 지식과 말로 하나님을 다 표현하고 설명하기가 어려울 수 있습니다. 더군다나 '아이들 눈높이에 맞춰서 어떻게 하나님을 설명해 주지?'라는 막막함을 가지신 분들도 계실 거예요. 맞습니다. 부모의 언어로 최선을 다해서 하나님을 설명한다 해도, 우리의 설명은 완벽할 수 없고 한계가 있습니다. 이것을 완전케 하시는 분은 그 안에서 일하시는 성령 하나님입니다. 우리는 최선을 다해 하나님을 전하고 가르치는 일을 하면 됩니다. 그다음은 하나님께서 하십니다. 하나님께서 도우십니다.

조금 더 구체적으로, 제가 아이들과 함께 읽은 책 중에서 아이들이 하나님을 바르게, 즐겁게 알아 갈 수 있는 책들을 아래와 같이 소개합니다.

| 연령별, 주제별 책 소개 |

복음과 교리 공부를 도와주는 책

▶ 유아
김태희, 《어린이 소요리문답 컬러링북》(세움북스, 2019)
LifeWay Kids, 《가스펠 프로젝트 – 구약 1~6 영유아부 학생용》(두란노, 2020)
LifeWay Kids, 《가스펠 프로젝트 – 신약 1~6 영유아부 학생용》(두란노, 2020)
LifeWay Kids, 《가스펠 프로젝트 – 구약 1~6 유치부 학생용》(두란노, 2018)
LifeWay Kids, 《가스펠 프로젝트 – 신약 1~6 유치부 학생용》(두란노, 2019)
싱클레어 퍼거슨, 《어린이들이 꼭 알아야 할 교리문답 77》(우리시대, 2021)

▶ 아동
김태희, 《어린이 소요리문답 이해 쓰기》(세움북스, 2021)
마티 마쵸스키, 《세상에서 배울 수 없는 하나님을 아는 지식》(생명의 말씀사, 2017)

▶ 청소년
조정민, 《왜 예수인가?》(두란노, 2023)
황희상, 《특강 소요리문답 – 개정판》(서울: 흑곰북스, 2020)

▶부모
김태희, 《우리가 꼭 알아야 할 107가지 핵심 진리》(세움북스, 2022)
강성환, 길미란, 《복음에 견고한 자녀 양육》(세움북스, 2021)
정설 엮음, 《가슴 뛰는 교리교육 현장 보고서》(지평서원, 2015)

성경의 이야기를 재미있게 알도록 도와주는 책

▶ **유아**

《노아의 방주 – 사운드북》(키즈위드, 2019)

《이삭을 바친 아브라함 – 사운드북》(키즈위드, 2019)

《어린이 와와송 사운드북 – 예수님은 내짝꿍》(아바 프레이즈, 2017)

《어린이 말씀송 사운드북》(아바 프레이즈, 2016)

《하나님의 보물(사운드북) – 파이디온 학령전 어린이 CCM》(키즈위드, 2020)

《예수님뿐이에요(사운드북) – 파이디온 학령전 어린이 CCM》(키즈위드, 2021)

《모두 모두 특별해(사운드북) – 파이디온 학령전 어린이 CCM》(키즈위드, 2022)

《반짝반짝 내 믿음(사운드북) – 파이디온 학령전 어린이 CCM》(키즈위드, 2023)

《아기 스티커 성경 1 – 하나님이 만드신 바다》(겨자씨, 2018)

《아기 스티커 성경 2 – 하나님이 만드신 하늘과 땅》(겨자씨, 2018)

《아기 스티커 성경 3 – 아기 예수님》(겨자씨, 2019)

《아기 스티커 성경 4 – 빵 다섯 개 물고기 두마리》(겨자씨, 2019)

《엄마 아빠와 함께 읽는 마음콩콩 성경동화 – 신구약(전 20권)》(비전코람데오, 2020)

《아이러브 바이블 A, B, C (전 15권)》(꿈꾸는 물고기, 2019)

《이야기 시네마 성경동화 세트》(키즈위드, 2023)

조이챈트폰 1, 2

▶ **아동**

《성경 말씀 따라 쓰고 색칠하기 1, 2》(꿈미, 2020)

《말씀 암송이 최고야(스티커 놀이북 1, 2)》(기도하는아이, 2018)

《예수님을 만나는 말씀쏙쏙 놀이북》(비홀드, 2023)

《하나님은 어떤 분일까?》(바람이 불어오는 곳, 2022)

《아이와 함께 읽는 잠언 지혜 성경》(주니어 아가페, 2019)

사라 영, 《지저스 콜링》(생명의 말씀사, 2018)

오정세, 《함께 읽는 성경동화(전 71권)》(비전코람데오) ※ 초등1~2까지
김은희, 《3030비전꿈나무 잠언 읽기노트》(규장, 2018)
마티 마쵸스키, 《컬러스토리 바이블》(주니어 아가페, 2016)

▶ **초등 고학년**
유윤희, 《쉽고 재미있는 명화 속 성경이야기-구약》(여원미디어, 2020)
유윤희, 《쉽고 재미있는 명화 속 성경이야기-신약》(여원미디어, 2020)

성교육에 도움을 주는 책

마티 마쵸스키, 《하나님께서 남자와 여자를 만드셨어요》(홈앤에듀, 2019)
《남자와 여자는 왜 달라요? – 미취학연령 남》(규장, 2021)
《남자와 여자는 왜 달라요? – 미취학연령 여》(규장, 2021)
김지연, 《너는 내 것이라》(두란노, 2020)
이태희, 《세계관 전쟁: 동성애가 바꿔 버릴 세상》(두란노, 2016)
존 파이퍼, 《결혼 신학》(부흥과개혁사, 2010)

가정예배에 도움을 주는 책

마티 마쵸스키, 《Long Story Short 복음, 그 길고도 짧은 이야기(구약)》(홈앤에듀, 2017)
마티 마쵸스키, 《Old Story New 복음, 늘 새로운 옛 이야기(신약)》(홈앤에듀, 2017)
김태희, 《성경을 따라가는 52주 가정예배 1~6》(세움북스, 2023)
백흥영, 이선영, 《영유아를 위한 가정예배 낱말카드》(토기장이, 2023)
백은실, 《아무리 바빠도 가정예배》(규장, 2021)

아이들과 말씀 암송을 해 본 적 있으신가요? 저희 부부는 아이들에게 말씀 암송이 짐이 되지 않았으면 좋겠다는 마음이 컸습니다. 하나님의 말씀이 중요하고 아이들에게 생명이 되는 것은 맞지만, 강요와 의무감에 그 기쁨을 누리지 못하는 건 너무 슬픈 일이기 때문이죠. 성경 말씀을 읽는 것은 너무나 중요한 일이지만, 이것이 의무감에 하는 행위가 되어 버리면 생명력을 잃어버리기 때문입니다. '반감을 일으키는 일이 되지 않고 복음을 즐겁고 기쁘게 받아들이는 아이들이 되면 좋겠다'라는 바람이 있었습니다. 그래서 아이들이 스스로 말씀을 암송하겠다고 할 수 있도록 환경을 만들어 주려고 노력했습니다. 제가 아이들과 즐겁게 말씀 암송을 한 방법은 노래로, 챈트로 말씀을 암송하는 방법이었어요. 사실 암송을 하자고 하고 짧은 말씀을 암송하기도 했지만, 금방 잊어버리기도 하고 아이가 무겁게 받아들이는 것을 보면서 고민을 많이 했습니다. 그래서 노래를 좋아하는 아이들의 특성을 고려해 '챈트'로 말씀 암송을 들려주었는데, 아이들은 노래를 부르는 것처럼 말씀을 암송하고 삶에서 기억해 냈습니다.

저희 아이들은 조이챈트, 히즈쇼 음원, 파이디온 사운드북 말씀송을 들으면서 말씀을 암송했습니다. 보통 영상보다는 노래(음원)을 들려주며 암송을 했습니다. 큰아이의 경우 7세가 되자 음원 없이 말씀을 암송하는 것이 쉬워졌고, 감사하게도 말씀 암송이 아이에게 무거움으로 다가오지 않는 즐거운 일이 되어져 있었습니다. 주로 간식을 먹을 때, 교회 가는 차 안에서, 말씀이 필요할 때, 자기 전에 들려주었습니다. 신명기 6장 3절 말씀처럼 앉았을 때나 누웠을 때 성경 말씀을 함께 듣고 부르며 지냈습니다. 아이들을 통해 오히려 제 삶 속에 하나님의 말씀을 더 많이 생각하고 묵상할 수 있는 시간이 되었습니다.

사실, 말씀을 암송하는 행위 자체가 중요한 것은 아닙니다. 한 절의 말씀을 암송하더라도, 그 말씀을 온전히 믿고 즐거움으로 예수님을 기뻐하는 삶이 말씀을 많이 암송하는 것보다 낫기 때문입니다. 어떤 신앙 교육을 하든지 본질에서 벗어나면 단순히 종교인을 만드는 교육이 될 수 있음을 경계해야 합니다. 자녀의 마음에 복음을 심는 것이 우리의 목적이고 사명임을 잊지 않길 바랍니다.

은혜를 나누기 위한 질문 & 제안

1. 진리의 말씀을 나누는 가정 문화를 만들어 갈 때, 시간과 공간을 제한하지 말고 부모에서 자녀로, 큰아이에게서 작은아이로 말씀과 복음을 전해 주세요.

2. 아래의 말씀을 묵상하며 아이들에게 들려주어야 할 말씀을 중요하게 여기는 마음을 가져 보세요.

그러므로 믿음은 들음에서 나며 들음은 그리스도의 말씀으로 말미암았느니라 (롬 10:17)

Q.29. 사춘기 아이들이
예수님을 믿지 않고 싶다고 해서 걱정이에요

| 사춘기 자녀와는 소통이 우선 |

　사춘기 아이들인데 부모님을 따라 교회에 나오는 아이들이 있고, 사춘기여서 부모님 말씀을 듣지 않고 교회에서 벗어나는 아이들이 있습니다. 부모에게는 자녀의 신앙 성장이 중요한 1순위이겠지만, 사춘기 아이를 신앙 안에 바르게 자라도록 돕기 위해서 제일 중요한 것은 사실 '자녀의 마음을 얻는 일'입니다. 호르몬의 영향, 또 여러 가지 이유로 자녀가 부모의 손에서 벗어나려고 할 때 부모가 가장 먼저 보여 줘야 할 모습은 바로 자녀를 향한 부모의 흔들리지 않는 '신뢰'입니다.

　우리도 사춘기 청소년처럼 주님 앞에서 방황합니다. 그때 예수님은 우리를 어떻게 바라보고 계실까요? 그분은 우리를 책망하지 않으십니다. 가만히 지켜보시고 때에 따라 마음을 만져 주시고 기다리십니다. 나도 나 자신을 믿을 수 없을 때, 요동하지 않고서 우리를 사랑하시는 예수님을 느끼면 감동이 더욱 크게 밀려옵니다.

믿음이 연약하더라도, 사춘기 시절에 부모님을 따라 교회에 나오는 아이들을 보면 그 아이들은 대개 부모님과의 신뢰 관계가 좋은 편에 속하는 아이들입니다. 즉 부모와 자녀 간에 소통이 되면, 신앙은 조금 더디게 갈지라도 결코 놓지는 않게 됩니다. 그러나 부모와 자녀 간의 소통이 막히면, 자녀의 마음을 얻고 돌이키는 게 참 어렵습니다. 아이들이 왜 예수님을 믿지 않고 싶어 하는지 이야기를 나누어 보세요. 꼭 예수님이 주제가 아니어도 자녀의 삶의 어려움과 기쁨을 진솔하게 나누는 대화를 시도해 보아야 합니다. 부모는 자녀의 마음을 알아야 하고 들어야 합니다. 또 듣는 것에서만 그치지 않고, 자녀와 함께 아파하며 기뻐해야 합니다. 예수님을 가르치기 이전에 자녀의 마음을 얻는 것이 먼저입니다. 자녀의 마음을 얻고 그 삶에서 영향력을 나누는 부모가 된다면 복음은 반드시 전해집니다.

| 재수, 삼수를 해서 너무 감사해요 |

저희 교회에 아이 셋을 키우는 자매님이 계십니다. 첫째가 삼수를 하고, 올해 대학에 합격했습니다. 어느 날 이분과 대화를 나누던 중 이런 말을 듣게 되었습니다. "아이가 재수를 하고 삼수를 해서 너무나 기쁘고 감사해요. 하나님께서 제게 이 시간을 주셔서 얼마나 감사한지 몰라요." 순간 제 귀를 의심했습니다. 너무나 환하게 웃으며 말하는 자매님이 이해되지 않았습니다. '거짓말 아닐까?'라고 생각하면서

이야기를 들었습니다.

  이분은 아이가 어릴 때부터 밖에 나가서 일을 하고 자기 삶을 사는 데 더 시간을 들였던 분이었습니다. 그래서 아이는 어린 시절부터 할머니, 할아버지 손에서 크게 되었고, 엄마와는 애착이 많이 부족해서 사춘기가 된 자녀를 보며 아쉬움이 많이 묻어날 때가 있었다고 했습니다. 아이가 엄마보다 할머니나 할아버지를 더 편하게 생각하고 좋아하는 모습이 아쉽고 아프고 미안하다고 했습니다. 그런데 아이가 재수를 하는 동안 어렸을 때 주지 못했던 관심과 사랑을 줄 수 있었고, 삼수를 하면서는 이제 아이가 부모의 품을 떠나 멀리 대학교를 가고 자신을 삶을 꾸려나가도 아쉬움이 없을 정도로 사랑을 줬기에 여한이 없다고 말씀을 하셨습니다.

  그 말 안에서 느껴지는 편안함을 함께 느끼며, 삶의 기준을 어디에 두고 살아가야 하는지가 정말 중요함을 배웠습니다. 재수, 삼수를 하면 보통 부모도 같이 힘들고 어려울 텐데, 그 시간을 하나님께서 주신 회복의 시간으로 여길 수 있는 것이 귀한 은혜였습니다. 이 친구는 재수, 삼수를 하며 예배를 성실하게 참여하지 못했습니다. 보이는 대로 생각하면, 우리가 말하는 믿음이 좋은 친구는 아닐 수 있습니다. 하지만 분명히 재수, 삼수를 하며 본인도 느꼈겠지요. 부모님께서 주시는 신뢰와 사랑을요. 그리고 그것이 하나님의 사랑에서부터 비롯되었다는 것을요. 언젠가 하나님께서 이 친구에게 믿음에 대해 진지하게 생각하고, 주님께 삶을 맡길 수 있는 시간을 허락하실 것을 믿습니다. 말뿐인 예수님만 이야기하지 말고, 자녀에 대한 신뢰와 사랑을 삶으로 보여 줍시다. 예수님께서 우리에게 그리하셨던 것처럼요.

예수를 믿어야 하는 이유 100가지를 가르쳐 줘도, 하나님의 때가 아니라면 복음이 전해지기까지 기다림이 필요합니다. '하나님의 타이밍'이라는 것이 있습니다. 기다리는 시간이 어렵고 힘든 순간도 많지만, 우리가 해야 할 수고는 바로 인내함으로 믿음의 열매를 기다리는 것입니다. 믿음이 없는 자녀에게 예수님께 하듯 하는 삶을 일관성 있게 보여 주다 보면 복음은 닫힌 마음의 빗장을 열고 들어가게 되어 있습니다. 진리인 말씀을 내가 먼저 읽고 묵상하며 하나님께 기도하면, 성령님께서 아이들에게 어떠한 마음으로 대해야 하는지, 무엇이 그에게 필요한지 생각나게 해 주시고 바른길로 인도해 주실 것입니다.

우리가 말씀에 기초한 성령님의 음성에 순종한다면 복음은 전해집니다. 우리의 죄와 욕심과 자아가 하나님의 일하심을 방해하지 않는다면 말이죠. 자녀의 모습을 보고 용서하며 사랑으로 용납하는 모습을 보인다면 복음은 자녀의 마음에 자리를 잡게 됩니다. "예수님을 믿어야 해"가 먼저가 아니라, "예수님을 잘 믿는 삶을 보여 주는 것"이 먼저입니다. 사랑해야지가 아니라 끝까지 사랑하는 모습을 보여 주는 것이 필요합니다. 예수님이 우리의 발을 씻기고 먼저 섬겨 주셨던 것처럼, 교회에 다니지 않는 자녀와 가족에게 먼저 예수님의 사랑을 보여 줘야 합니다.

가난한 신학생인 남편과 교제하며 결혼을 결심하고서 부모님께 말씀드렸습니다. 저희 어머니는 사위가 목회자인 것이 은혜이고 감사하다고 받아들이셨지만, 아버지는 아니었습니다. 저희 남편이 아버지를 만나러 찾아갈 때마다 아버지는 자리를 피하셨습니다. 남편의 가족들에게 사랑을 많이 받았던 저와 달리, 남편을 만나 주지도 않는 아버지가 원망스럽기도 했습니다. 가난한 신학생에게 딸을 보내기 어려운 아버지의 마음을 모르지 않았지만, 참 많이 속상했습니다. 결국 남편이 직장을 구하자, 아버지는 결혼을 허락하셨습니다. 먹고 사는 데 돈이 없으면 안 되니 신학도 좋지만 돈을 벌라는 것이었습니다. 감사하게도 대한통운 고객 센터에 취직을 해서, 낮에는 일을 하고 밤에는 신학교를 다니며 학교를 가지 않는 날에는 예배를 드리면서 사역을 했습니다.

결혼을 하고도 아버지는 전도사 사위 앞에서 마음을 많이 열지 못하셨습니다. 복음이라는 것이 장인과 사위의 사이를 어렵게 만드는 장애물이었습니다. 남편은 서운하다는 표시를 하지 않았습니다. 그리고 할 수 있는 한 최대로 저희 아버지를 섬기기 시작했습니다. 이 당시 저희가 사역을 하는 교회는 월요일부터 금요일까지 매일 저녁 예배와 기도회가 있었습니다. 저녁 예배 및 기도회를 빠짐 없이 참석해야 했기에, 부모님을 만나러 가는 일도 사실 어려운 일이었습니다. '우리가 부모님에게 예수님의 사랑을 전하지 못하면 누가 전할 수 있을까?' 그래서 선택한 방법이 금요 예배 후 밤에 친정에 가서 토요일 낮에 함께 식사를 하고 시간을 보내고 돌아오는 것, 주일 저녁 예배 끝나고 가서 월요일 저녁 전까지 시간을 보내고 오는 것이었습니다.

사역하느라 힘을 다 써서 체력적으로 힘들었지만, 대전에서 전주로 내려갔습니다. 어두운 밤길을 운전하며 가야 했고, 밤 12시가 넘어서 도착하기 일쑤였죠. 처음에는 이 시간에 왜 오냐며 아버지께서 못마땅해하시기도 했습니다. 밝은 낮에 안 오고 다 늦은 밤에 온다고 말이죠. 이렇게 애씀에도 우리 마음 몰라주셔서 서운할 때도 있었지만, 별로 내색하지 않았습니다. 말씀은 그렇게 하셔도 손녀딸을 만나면 웃으시며 기뻐하시는 아버지의 모습을 보았기 때문이지요. 아이가 셋인 지금도 매달 한 번은 이 시간을 꼭 지키려고 합니다.

어느 날 아버지께서 수화기 너머로 이야기하는 말씀을 듣고 한참 눈시울을 붉혔습니다. 이제까지 '고맙다', '수고했다', '사랑한다'라고 이야기를 한 번도 해 본 적이 없으신 아버지께서 "너희들이 하는 일도 있고 바빠서 힘들 텐데 나를 위해 수고해 줘서 너무 고맙다"라고 말씀하시는 것이었습니다. 그렇게 아버지의 마음은 사랑과 섬김의 시간을 통해 움직이셨습니다. 결혼하고 10년이 걸렸습니다. 아버지에게 예수님의 '예' 자도 꺼내지 않았지만, 사랑을 행함으로 보여 주니 조금씩 마음의 문이 열렸습니다. 아직도 복음을 전하는 과정 중에 있습니다. 아버지의 마음에 복음이 심어지길 바라며 오늘도 사랑함으로 나아갑니다.

1. 사춘기 자녀와 소통하는 시간을 가지고 계신가요? 예수님이 나를 사랑하실 때 기다리고 품어 주셨듯이 자녀를 사랑과 신뢰로 안아 주는 마음을 가져 봅시다.

2. 고린도전서 13장 말씀을 묵상하며 내가 자녀들에게 보여 주는 사랑을 말씀 안에서 찾아 보세요.

3. 내 삶이 복음을 증거하는 삶인지, 복음을 가리는 삶인지 돌아보는 시간을 가져 보세요. 나의 말과 행동, 삶을 통해 복음이 전해질 수 있기를 노력하는 성화의 삶을 살아갑시다.

Q.30. 교회 다니지 않는 친구들에게 영향을 많이 받는 아이, 어떤 교육을 해 주어야 할까요?

| 매일 10분이라도 |

갈수록 옳고 그름의 기준이 점점 무너지고 있습니다. 20년 전만 해도, 학교에서 '콘돔을 끼고 성관계를 하라'고 가르치는 것은 용납되지 않는 일이었습니다. 그런데 지금은 콘돔을 끼고 성관계를 해야 한다고 가르치는 것이 너무나 당연한 일이 되었습니다. 한국 교회의 청소년 복음화율이 3% 이하라는 통계 자료가 있습니다.[22] 전 세계에서 선교사를 파송하는 나라로 미국과 1, 2위를 다툰다고 하면서, 한국 교회의 청소년 복음화율이 3%이라니… 한국을 선교해야 한다는 말이 나

---

22 "청소년 복음화율 3% '이젠 선교 대상'", 《기독신문》 2024년 3월 3일, https://www.kidok.com/news/articleView.html?idxno=304202.

오는 이유입니다. 어린이집, 유치원, 학교에 가면 예수님 안 믿는 친구들이 더 많습니다. 미디어의 영향을 갈수록 더 많이 받아서 교회에 다녀도, 예수님을 믿어도 성경적 가치관 아래서 생각하고 행동하는 친구들을 찾아보기 어려워지고 있습니다. 기독교 대안 학교가 아니면 믿음의 동역자를 쉽게 만나기 어렵습니다. 이런 현실 속에서 우리는 어떻게 자녀를 교육해야 할까요?

아이가 이미 고등학생이어서 안 될 거라고 생각할 수도 있지만, 결코 늦지 않았습니다. 성경을 읽고 하나님 중심, 복음 중심으로 생각하는 가치관과 세계관을 우리 아이들에게 지금부터라도 가르치고 보여 줘야 합니다. 인간 중심의 세계관에서 하나님 중심의 세계관으로 생각하고 사고하며 살아가도록 훈련시켜야 합니다. 하나님께서 이 세상을 만드신 분이라는 것을 인정하고 그분의 섭리 안에 우리의 인생이 이루어짐을 날마다 자녀에게 가르쳐 주어야 합니다. 형식적으로 읊어 주라는 것이 아니라, 아이의 삶 속에 하나님께서 함께하심을 은혜로 나누는 시간이 필요합니다.

아침에 일어나서 10분이라도 말씀을 같이 읽으며 아이를 위해 축복하며 기도해 주는 시간을 가져 보세요. 또 자녀의 마음을 들어주는 시간을 매일 10분이라도 가져 보세요. 부모로서 함께 마음을 다해 고민하고, 말씀에 기초한 해결책들을 나누며 자녀를 위해 위로하고 격려하는 시간을 보내 보세요. 대화 가운데 하나님의 성품과 인도하심을 나누며 자녀가 자연스럽게 성경적 가치관을 받아들일 수 있도록 지금부터라도 간절히 하나님의 은혜와 지혜를 구해야 합니다. "이게 성경적으로 옳아! 그건 안 돼!"라고 하며 삶을 강요하지 마세요. 율법은 자녀의 모습을 변화시킬 수 없고, 오히려 죄성을 더 가리게 합니다. 하나님의 은혜를 느낄 수 있도록 자녀에게 부모님이 만난 하나님, 부모님의 삶 가운데 역사하시는 하나님을 보여 주세요.

| 복음을 가리는 삶인가, 전하는 삶인가 |

여러분 혹시 이런 말을 들어보신 적이 있나요? "엄마가 믿는 하나님 절대 안 믿을 거예요." 제가 아는 권사님의 첫째 자녀가 권사님께 하는 말이었습니다. 사탄이 하는 말이니 귀담아듣지 않아도 된다고 생각하시나요? 100% 동일할 수는 없지만, 만약 가족에게서 이런 말들을 듣고 있다면 우리는 이 말을 진지하게 듣고 우리의 믿음을 점검해 보아야 합니다. 정말로 복음이 내 삶을 통해 잘 흘러가고 있는지, 우리는 끊임없이 주님 앞에서 점검해야 합니다. "중은 제 머리를 깎지 못해! 그리고 예수님도 가족들에게는 인정받기 어렵다고 말씀에서 이야기하셨잖아?" 이런 말로 자기 삶을 합리화하지 않길 바랍니다. 복음이 전해지지 않는 이유를 생각해 보고, 내 삶의 모습을 점검해 보아야 합니다.

이 권사님의 첫째 아들 마음에는 가정을 잘 돌보지 못하고 교회만 섬겼던 어머니의 모습 때문에 상처가 한가득이었습니다. 예수를 믿는 우리는 교회를 섬기는 것에 무관심해서는 안 되지만, 자신의 가정을 돌보지 않은 채 교회를 섬기는 것도 경계해야 합니다. 또 교회가 세상에서의 연약함과 고난을 마주하기 어려워 숨는 도피처가 되어서는 안 됩니다. 물론 교회는 힘들고 연약한 마음을 나누며 예수님으로 인해 이겨 낼 수 있는 힘을 나눌 수 있는 곳이 되어야 하지만, 마냥 고난을 피해 숨는 장소가 되어서는 안 됩니다. 예수님도 마땅히 세워야 할 그 자리에 가셔서 한 알의 밀알이 되셨습니다.

성도는 그 자체가 예수님의 몸 된 교회가 되어 가정과 직장에서 예수님을 전하는 삶을 살아가야 합니다. 자기 일과 삶을 통해 말이죠. 일터에서 예수님을 믿으라고 말하는 것이 복음 전도가 아니라, 자기가 맡은 일을 성실히 잘 감당하는 것이 예수님을 바르게 전하는 삶이 됩니다. 프로페셔널(professional)하게 일하고 겸손하게 사랑하며 섬기면 됩니다. 삶과 신앙이 하나 되는 그리스도인이 되어 우리가 있는 곳에서 "네가 믿는 예수님을 나도 믿어 보고 싶어!"라는 말을 들으며 살아가길 원합니다.

은혜를 나누기 위한 질문 & 제안

1. 성경적 세계관을 자녀에게 심어 주기 위해 오늘 하루 성실하게 수행해야 할 모습은 무엇이 있을까요? (예를 들어, 말씀을 기초로 가르쳐야 할 것, 절제하도록 권유해야 할 것, 사랑으로 품고 온유하게 대해 줘야 할 것 등에 대해 생각해 보세요.)

2. 아래의 말씀을 묵상하며 사도 바울이 교인들에게 선한 것을 분별하며 하나님의 영광이 되기를 축복했던 것처럼, 자녀를 위해 기도와 사랑과 가르침으로 축복해 주는 시간을 매일 가져 보세요.

   내가 기도하노라 너희 사랑을 지식과 모든 총명으로 점점 더 풍성하게 하사 너희로 지극히 선한 것을 분별하며 또 진실하여 허물 없이 그리스도의 날까지 이르고 예수 그리스도로 말미암아 의의 열매가 가득하여 하나님의 영광과 찬송이 되기를 원하노라 (빌 1:9-11)

3. 교회의 높은 문턱을 낮추기 위해서 우리가 복음을 제외하고 무엇을 개선하면 좋을지 생각해 보세요. 교회 밖 청소년들을 교회로 이끌 수 있는 방법을 생각해 보세요.

Part 5

복음이
무르익는
시간

Q.31. 지식 전달이 아니라 아이와 함께 성경을 사랑하고 가르치며 말씀 기도 찬양을 함께하고 싶은데, 제가 계속 주입만 시키려고 하는 건 아닌지 많이 우려가 돼요

| 율법주의식 교육은 안 돼요 |

율법과 복음의 의미와 차이를 분명하게 알고 예수님의 제자가 된 삶을 살아가는 것보다 율법적인 신앙을 가르치는 경우가 많습니다. 주위를 살펴보면 율법에 매여 형식적인 신앙을 가지고 힘들어하는 크리스천들이 참 많습니다. 내가 하나님을 믿는 이 신앙의 삶이 율법에 갇힌 삶인지조차 모르고 살아가는 경우도 허다합니다. 처음 신앙 교육을 시작하는 부모님들에게 흔히 보이는 모습이 바로 율법주의 신앙의 모습입니다.

말씀을 읽고 기도하는 것을 매일의 '의무'처럼 여기며, 그 안에 은혜를 누리는 것이 무엇인지 깨닫지 못하는 경우가 많습니다. 말씀을 읽자고 하고 아이들이 집중하지 않으면 혼을 내고 벌을 줍니다. 아이들은 이 모습을 통해서 하나님의 사랑과 은혜보다는 강압과 반감을 더 느끼게 됩니다. 우리의 행위로는 절대 구원을 이룰 수 없습니다. 율법은 우리에게 구원함을 가져다주지 않기 때문이죠. 우리가 우리의 노력이나 행위로 구원을 얻는 것이 아닌데, 마치 말씀을 많이 읽고 기도를 많이 하면 더 좋은 복과 구원을 얻는 것마냥 가르칩니다. 행위 구원론입니다.

하나님은 우리에게 값없는 은혜를 주셨습니다. 죄인인 우리가 태어나기도 전에 이미 예수님을 통해 그 은혜를 준비해 주셨습니다. 어떠한 노력으로도 우리는 우리의 죄를 스스로 씻을 수 없습니다. 그런데 창조주이신 하나님께서 그분의 사랑으로 우리를 죄인에서 의인으로 자녀 삼아 주셨습니다. 예수님으로 인해 영원한 삶을 살아갈 수 있도록 길을 열어 주셨습니다. 이것이 복음입니다.

우리는 아이들에게 이 복음이 마음 깊이 새겨질 수 있도록 도와야 합니다. 어린아이들은 원래 말씀을 잘 읽고 듣고 지키는 것이 어렵습니다. 이것은 부모인 우리도 마찬가지이지요? 말씀을 알아 가는 기쁨을 누리는 것이 처음에는 어려울 수 있습니다. 강요가 아니라 은혜를 나누어 주는 것이 부모인 우리가 해야 할 가장 첫 번째 임무입니다. 그러면 이 복음의 은혜를 어떻게 전해 주어야 할까요? 부모가 먼저 은혜를 누리면 됩니다.

부모가 복음의 은혜가 무엇인지 경험하지 못하고 알지 못하면 아이들에게도 전해 주기가 어렵습니다. 예수님의 부활 이후 제자들이 죽기까지 복음을 전했던 이유는 십자가의 사랑과 은혜가 무엇인지 경험했기 때문입니다.

> 우리가 아직 죄인 되었을 때에 그리스도께서 우리를 위하여 죽으심으로 하나님께서 우리에 대한 자기의 사랑을 확증하셨느니라 (롬 5:8)

> 모든 사람이 죄를 범하였으매 하나님의 영광에 이르지 못하더니 그리스도 예수 안에 있는 속량으로 말미암아 하나님의 은혜로 값 없이 의롭다 하심을 얻은 자 되었느니라 (롬 3:23-24)

부모의 말과 삶 속에서 복음이 보이면 따라다니며 주입하지 않아도 아이들은 복음 앞에 자연스레 자신들의 고집을 내려놓습니다. 부모 먼저 그 은혜 안에 우리를 복종시키고 살아가는 삶이 필요합니다. 부모가 먼저 복음이 우선이 되어 삶을 정비하고, 삶에서 복음으로 살아가는 것이 될 수 있도록 하나님의 은혜를 구해야 합니다.

방법은 우리가 예수님을 닮아 가는 것입니다. 아이들이 말을 잘 듣지 않지만 분노하지 않고 용서하는 것입니다. 훈육하지만 감정을 섞지 않는 것입니다. 자녀의 잘못을 용서하고 용납하는 것입니다. 온유한 마음으로 기다려 주는 것입니다. 끝까지 우리를 사랑하셨던 예수님처럼 살아가면 됩니다. 물론 우리 힘으로 되지 않습니다. 그래서 매 순간 우리에게는 예수님이 필요합니다. 성령 하나님이 필요합니다. 우리의 연약함을 고백하고 죄와 씨름하며 은혜를 구하는 삶이 되어야 합니다.

"주님! 저희를 긍휼히 여겨 주세요. 죄에 넘어질 수밖에 없어 힘들어하지만, 오늘 또 주님의 은혜를 구하며 자녀를 양육해 나갑니다. 우리의 삶을 살아갑니다. 매 순간 성령 하나님께서 우리의 마음과 생각을 조명해 주시고, 우리의 언어와 삶과 신앙이 일치될 수 있도록 마음을 만져 주세요. 복음의 모습만을 가지고 살아가는 껍데기 크리스천이 아니라, 복음의 능력으로 살아가는 크리스천이 되게 도와주세요." 이것이 우리의 기도이고 우리의 고백이 되기를 소망하며 살아갑시다.

1. 복음이란 무엇입니까? 율법은 어떤 역할을 합니까?

2. 율법주의적 부모일 때 자녀 양육의 열매와 복음의 은혜와 능력으로 자녀를
   양육할 때의 열매에는 어떤 차이가 있는지 서로의 삶을 나누어 보세요.

3. 율법의 언어와 복음의 언어란 무엇입니까? 그리고 내가 자주 사용하는 복음
   의 언어와 율법의 언어에는 무엇이 있는지 함께 나누어 보세요.

Q.32. 아이의 잘못에 대해 이야기하고 바르게 교육하는 게 참 어렵습니다. 율법주의의 모습인 것 같아서요

| 율법의 언어와 복음의 언어 |

하나님은 우리에게 율법을 주셔서 선과 악을 분별할 수 있는 기준을 마련해 주셨습니다. 율법은 인간의 죄를 드러냅니다. 율법이 없었다면 우리는 죄를 인지하지 못하고 살아갔을 거예요. 아이들을 키우다 보면 훈계할 일들이 매일 생기지요? 우리는 말씀에 근거하여 자녀들을 훈육합니다. 거짓말을 한다거나 미워하고 질투하는 것들이 죄임을 가르쳐 주죠. 그래서 아이들은 그러한 마음과 행동이 죄인 줄을 알게 됩니다. 율법은 이렇게 하나님 앞에서 무엇이 잘못된 것인지 명확하게 가르쳐 줍니다. 그런데 우리는 이것이 죄인 줄 알고도, 죄를 짓고 또 죄에 넘겨집니다. 율법을 모두 안다고 인간은 죄를 이길 수 있는 존재가 아니기 때문이지요. 결국 율법으로 인해 우리는 그리스도

예수님께 나아가게 됩니다. 우리의 힘으로 율법을 다 지킬 수도 없고 죄를 감당할 수 없음을 율법이 고백하게 하기 때문입니다.

자녀에게 잘잘못을 가르쳐 주되, 우리의 힘으로 이 모든 죄를 이길 수 없음을 매 순간 가르쳐 주세요. 예수님이 우리에게 오신 이유, 그분이 십자가에서 우리를 위해 대신 죽으신 이유는 우리의 연약함을 아시기 때문이었습니다. 율법을 가르쳐서만 되는 것이 아님을 아셨기 때문이지요. 예수님께서는 구약의 모든 율법을 폐하시고, 단 두 가지만 강조하셨습니다. 하나님을 사랑하는 것, 그리고 네 이웃을 네 몸과 같이 사랑하라는 것.

아이에게 잘못을 이야기하고 바르게 교육하기 위해서는 율법을 가지고 이야기해야 합니다. 그런데 회개하게 하는 능력은 율법을 나열하는 것에서 나오지 않고 죄를 진실하게 고백하는 마음에서 시작됩니다. 아이들끼리 다툼이 일어나면 부모님이 중재를 하고 상황을 정리하게 되죠. 그때 내가 사용하는 말이 무엇인지 생각해 보세요. "서로 사랑하는 것이 마땅한데, 대체 왜들 싸우니?"라는 질문은 아이들에게 회개할 수 있는 기회를 주기보다 정죄감을 가져다줍니다. 사랑하지 못해서 마음 아파하기보다는 죄에 넘어져 힘든 아이들에게 다시 짐을 주는 것과 다름이 없습니다.

우리는 생각보다 많이 복음의 언어보다 율법의 언어를 사용하고 있습니다. 복음의 언어란 무엇일까요? 바로 죄에 넘어진 자를 일으켜 세우는 말입니다. 비판과 판단과 정죄가 아닙니다. 협박과 강요가 아니에요. "서로 사랑하는 것이 힘들지? 우리는 죄인이기에 사랑하는 것이 참 어렵단다. 예수님이 우리를 위해 죽으신 것처럼 우리도 서로를 위해 양보하고 희생할 수 있으면 좋을 텐데… 우리가 어떻게 서로 사랑할 수 있을까? 같이 고민해 보자"라고 죄에 넘어진 아이들을 일으켜 세워 주는 것이 바로 복음입니다. 내가 사용하고 있는 언어가 복음의 언어인지 율법의 언어인지 점검해 보는 시간을 가져 보세요. 그리고 제일 먼저 우리 안에 그리스도의 사랑을 담을 수 있기를 소망합니다.

| 날마다 복음을 선포하는 삶 |

삶을 살아가다 보면 일에 묻혀서 우리에게 가장 중요한 본질을 잊고 살아가기 쉽습니다. 휴대폰, 직장, 가정의 일, 삶의 문제들 속에서 하루를 보내다 보면 하나님께서 내게 주신 존재 이유에 대해 생각할 겨를이 없습니다. 무게감에 짓눌리게 되죠. 복음을 날마다 선포하는 삶은 하나님께서 내게 주신 삶의 이유에 대해 생각해 보고, 이것을 잊지 않고 고백하는 삶이요 실천하는 삶입니다. 앞에서 언급했듯이, 웨스트민스터 소요리문답 제1문답은 성경이 가르치는 바를 따라 "사람이 삶을 살아가는 이유"에 대해 정리해 주었습니다. 우리의 존재 이유를 이야기하는 것이죠. 하나님께서는 사람이 사는 주된(제일 되는) 목적

이 하나님께 영광을 돌리고(하나님을 영화롭게 하고), 찬송하게(즐거워) 하기 위함이라고 말씀하셨습니다.

그런즉 너희가 먹든지 마시든지 무엇을 하든지 다 하나님의 영광을 위하여 하라 (고전 10:31)

이 백성은 내가 나를 위하여 지었나니 나를 찬송하게 하려 함이니라
(사 43:21)

바쁜 일정의 삶을 살아가다 보면, 아이고 어른이고 너나 할 것 없이 해야 할 일들이 우선이 되어 본질을 놓치고 살아가는 경우가 많습니다. 어린아이를 키우는 분들은 먹이고, 입히고, 재우고, 치우는 일이 1번입니다. 직장에 나가는 분들은 오늘 직장에서 일을 잘 마무리하는 것이 가장 우선된 우선순위입니다. 학생들은 공부하는 것이 가장 우선된 우선순위이지요. 날마다 복음을 선포하는 삶이란, 우리 삶의 우선순위를 늘 기억하고 살아가는 것입니다. 우리 삶의 우선순위 1순위는 바로 하나님, 예수님, 성령님입니다. 직장에서 일할 때, 예수님과 함께하세요. 가정에서 아이들을 돌볼 때, 둘이 있다고 생각하지 마시고 예수님과 함께하세요.

성령님께 묻고 함께하세요. 이것이 복음을 기억하는 삶입니다. 예수님을 기억하며 살다 보면, 오늘 내가 주님을 위해 무엇을 해야 할지 찾게 됩니다. 일을 하더라도 주께 하듯 하게 됩니다. 아이들을 양육하

는 일도 주님께서 내게 주신 귀한 사명임을 깨닫게 됩니다. 내 자신을 온전히 포기하고 희생하는 일로서 느껴지지 않습니다. 하나님의 기업을 세우는 일로 CEO가 되어 자녀를 경영하는 기업가가 됩니다. 복음은 우리의 정체성을 바르게 해 주기 때문이지요. 복음은 죄가 많아 어디에도 쓸모없는 우리가 '예수님의 사랑을 입은 자'라는 복된 정체성을 기억하게 해 줍니다. 그 은혜로 말미암아 우리의 삶이 예수 그리스도의 능력 안에서 살아납니다. 좌절과 실패와 낙심, 죄에 허덕이는 우리를 건져 주는 것이 바로 복음입니다. 그래서 우리는 날마다 복음을 나에게 선포하며 살아가야 합니다.

은혜를 나누기 위한 질문 & 제안

1. 아래의 말씀을 읽고 삶의 목적과 내 우선순위에 대해 묵상해 보세요.

   이 백성은 내가 나를 위하여 지었나니 나를 찬송하게 하려 함이니라 (사 43:21)

2. 날마다 복음을 선포하는 삶을 살고 있는지, 복음의 정체성을 기억하며 살아가는 삶을 살고 있는지 나눔을 통해 자신을 돌아볼 수 있길 바랍니다.

Q.33. 권위 있는 부모가 되고 싶어요. 어떻게 하면 될까요? 매를 들어야 하나요?

| 참된 권위 |

권위 있는 부모와 권위주의적인 부모의 차이점을 아시나요? 예수님과 바리새인을 비교해 보면서 '권위 있는 부모'와 '권위주의적인 부모'의 차이점을 살펴보겠습니다. '예수님' 하면 생각나는 대표 단어가 무엇인가요? 바로 '사랑'과 '희생'과 '섬김'입니다. '바리새인'을 생각하면 어떤 모습이 생각나시나요? '내로남불', '허례허식', '꼰대'입니다. 조금 더 쉽게 풀이해 보겠습니다.

예수께서 그곳을 떠나 지나가시다가 마태라 하는 사람이 세관에 앉아 있는 것을 보시고 이르시되 나를 따르라 하시니 일어나 따르니라 예수께서 마태의 집에서 앉아 음식을 잡수실 때에 많은 세리와 죄인들이 와서 예수와 그의 제자들과 함께 앉았더니 바리새인들이 보고 그의 제

자들에게 이르되 어찌하여 너희 선생은 세리와 죄인들과 함께 잡수시느냐 예수께서 들으시고 이르시되 건강한 자에게는 의사가 쓸데없고 병든 자에게라야 쓸 데 있느니라 너희는 가서 내가 긍휼을 원하고 제사를 원하지 아니하노라 하신 뜻이 무엇인지 배우라 나는 의인을 부르러 온 것이 아니요 죄인을 부르러 왔노라 하시니라 (마 9:9-13)

예수님은 죄인들의 집에 와서 그들과 함께하셨습니다. 예수님이 원하시는 것은 긍휼한 마음이었습니다. 형식을 원하지 않으셨습니다. 마태복음 9장 13절에서 언급된 '긍휼'의 어원을 살펴보겠습니다. 긍휼히 여긴다는 것은 '불쌍히 여겨 돌본다'라는 의미입니다. 예수님께서는 병든 자들과 가난한 자들의 제물을 원하시는 것이 아니었습니다. 그들이 하나님 앞에 회개하고 돌아오는 것, 그들이 하나님을 온전히 만나며 살아가는 것이 예수님께서 바라시는 일이었습니다.

권위 있는 부모는 자녀가 어려움에 처하면 함께 그 어려움을 이겨냅니다. 믿음의 경주에서 힘들어하는 자녀를 보며 비난하거나 정죄하지 않습니다. 그 어려움을 헤아려 주고 같이 뜁니다. 이들이 생각하는 권위는 '권력'이 아니라 '섬김'이지요. 섬김을 통해 자연스레 자녀에게 인정받고 사랑받으며 그 권위를 세워 나갑니다. 예수님께서 우리를 섬기셨기에 우리가 그분을 사랑하고 믿고 따르듯이 말이죠. 제자들이 십자가에서 돌아가시고 부활하신 예수님을 만나고 나서, 그들의 삶이 왜 달라졌을까요? 바로 권위 있는 부모인 예수님의 진심이 이들의 마음을 활활 타오르게 지폈던 것이죠. 예수님은 부활하시고 혼자 하늘로 가서 잘 먹고 잘사는 것이 목적이 아니셨습니다. 모든 이들을 위해 또 다른 보혜사를 보내 주신다고 말씀하시고 영원한 약속을 지키신 분이셨습니다.

권위 있는 부모는 자녀 앞에서 먼저 행동하며 살아갑니다. 은혜를 받으라고 명령하지 않고 은혜를 나누어 줍니다. 예수님처럼 말이죠. 자녀들에게 말한 대로 자신이 먼저 앞서 길을 가는 것입니다. 권위적인 부모는 자녀 앞에서 자신이 가진 권위로 압력을 행사합니다. 시키는 말은 많이 하면서 정작 자신은 행동하지 않습니다. 자녀에게 많은 규칙을 안겨 줍니다. 자신도 지키지 못할 규칙이죠. 권위주의적인 부모 아래서 자란 자녀들은 수많은 규칙을 지켜야 하는 삶에 짓눌립니다. 언젠가 건강한 자아를 가졌을 때 알게 됩니다. 그 규칙이 지키지 않아도 되는 것이었음을 말이죠. 예수님께서 우리에게 주신 규칙(명령)은 단 한 가지였습니다. "하나님을 사랑하고, 네 이웃을 네 몸과 같이 사랑하라." 사랑이 우리가 지켜야 할 유일한 규칙이요 명령입니다.

| 징계가 없으면 사생자 |

그러나 자녀가 잘못된 길로 가고 있는데 가만히 놔두는 것도 안 됩니다. 성경은 징계가 없으면 사생자요 친아들이 아니라고 말하고 있습니다(히 12:8). 하나님은 우리의 죄와 연약함을 보시고 가만히 내버려 두시는 분이실까요? 아니죠. 하나님께서는 이스라엘 민족이 잘못하며 죄악의 길을 걸어갈 때 늘 바른길을 제시하셨고 인도해 주셨습니다.

그럼에도 불구하고 그들이 하나님 말씀에 순종하지 않을 때는 벌을 주시고 회개할 수 있도록 이끄셨습니다. 하나님께서 이스라엘 백성을 다스리셨던 것처럼, 우리도 자녀들을 하나님과 같이 훈육할 수 있는 부모가 되길 힘써야 합니다. 잠언에 있는 몇 구절의 말씀을 통해 자녀를 어떻게 훈계해야 하는지 살펴보겠습니다.

> 매를 아끼는 자는 그의 자식을 미워함이라. 자식을 사랑하는 자는 근실히 징계하느니라 (잠 13:24)

> 아이의 마음에는 미련한 것이 얽혔으나 징계하는 채찍이 이를 멀리 쫓아내리라 (잠 22:15)

> 아이를 훈계하지 아니하려고 하지 말라 채찍으로 그를 때릴지라도 그가 죽지 아니하리라 네가 그를 채찍으로 때리면 그의 영혼을 스올에서 구원하리라 (잠 23:13-14)

> 네 자식을 징계하라 그리하면 그가 너를 평안하게 하겠고 또 네 마음에 기쁨을 주리라 (잠 29:17)

말씀을 보면, 자녀가 잘못한 경우 채찍으로 때리거나 징계하라고 말씀합니다. 이 말씀을 보며 '성경적인 훈육 방법은 무조건 때리는 것이다'라고 생각하시면 안 됩니다. 하나님께서는 아무 때나 자녀를 체벌하라고 하지 않으셨습니다. 자녀가 부모의 권위에 순종할 수 있도록 이야기하고 제시했는데도 불구하고 순종하지 않고 고집을 피운다면, 매를 들어서라도 바르게 권위에 순종할 수 있도록 가르쳐야 한다는 의미입니다.

| 일관성 있는 훈육 |

권위에 순종하도록 가르칠 때, 부모 본인의 감정을 절제하지 못하고 분노를 통해 자녀를 징계해서는 안 됩니다. 체벌의 목적이 자녀에게 두려움을 주는 데 있지 않고, 그들이 죄와 불순종을 깨닫고 뉘우치게 하는 데 있기 때문입니다. 부모의 분노와 절제하지 못하는 감정은 자녀에게 유익함을 주지 못합니다. 오히려 부모를 신뢰하지 못하고 불순종하게 만드는 통로가 되기 때문이지요. 성경적인 훈육의 본질은 자녀를 사랑하는 마음을 담아 그리스도의 형상을 본받는 자녀가 되도록 이끄는 것입니다.

그래서 먼저 자녀와 대화로 훈육하고, 이것이 받아들여지지 않는다면 체벌을 통해 훈육하는 것이 순서입니다. 하나님께서도 이스라엘 백성을 가르치실 때 먼저 말씀하시고 그래도 순종하지 않을 때 체벌을 가하셨습니다. 자녀가 부모의 말을 듣고서 죄를 깨닫고 회개할 수 있도록 촉구하는 것이 부모의 첫 번째 의무이고, 완고하게 고집을 피우고 자기의 생각을 내려놓지 않는 아이를 절제된 감정과 사랑의 마음으로 단호하게 체벌하는 것이 이다음에 할 일입니다.

그렇다면 완고하게 고집을 피우는 것은 어떻게 구분해야 할까요? 모든 가정마다 훈육하는 시점과 체벌을 가하는 기준이 다를 수밖에 없습니다. 이 부분은 자녀와 지내며 훈계가 필요한지, 체벌이 필요한 상황인지 아닌지, 부부가 기준을 정해서 '일관성 있게' 훈육해야 함을 잊지 말아야 합니다. 어느 날은 넘어가고, 어느 날은 호되게 훈육하는 것은 자녀에게 일관성 없는 태도를 보이는 것이므로 도리어 혼란을 초래합니다. 자녀에게는 일관성 있는 태도를 요구하며 훈육과 체벌을 하는데, 부모가 일관성 없는 훈육을 하고 있다면, 훈육과 체벌의 권위는 떨어질 수밖에 없습니다. 하나님께서도 우리를 가르치시고 훈계하실 때 일관성을 유지하셨습니다. 신실하신 하나님의 성품을 닮아 우리도 일관성 있는 태도로 자녀를 그리스도의 형상을 닮은 사람으로 세워 나갈 수 있기를 바랍니다.

| 사랑에 입각한 체벌 |

훈육을 할 때 체벌이 있어야 할까요? 매를 꼭 들어야 하는 것이 옳을까요? 물론 체벌하거나 매를 들지 않고서 말로써 훈육하는 것이 가장 좋겠지요. 하지만 보다 무거운 훈육 방식이 필요할 때가 있습니다.

아이를 훈계하지 아니하려고 하지 말라 채찍으로 그를 때릴지라도 그가 죽지 아니하리라 네가 그를 채찍으로 때리면 그의 영혼을 스올에서 구원하리라 (잠 23:13-14)

이 말씀을 통해서 매를 꼭 들어야 하는지에 대한 대답이 충분히 되었을 거라고 생각해요. 하나님께서는 채찍으로 때려서라도 자녀가 하나님의 말씀에 순종하고, 부모의 권위에 순종할 수 있도록 가르치라고 말씀하셨습니다. 하나님의 통치를 대신해서 자녀를 양육하는 사명을 받은 사람이 부모이기 때문에, 부모는 자녀가 어려서부터 부모에게 순종하는 태도를 가르쳐야 합니다. 부모에게 순종하는 것이 곧 하나님께 순종할 수 있는 자세를 배우게 해 주기 때문이지요.

우리의 아버지이신 하나님도 자녀들을 바르게 가르쳐야 할 때 징계를 통해 가르치셨습니다. 우리가 회개할 때까지 기다리시는 하나님이시지만, 기다림의 시간이 지나면 징계를 통해 가르치십니다.

자녀가 부모의 권면을 듣고 죄를 회개하고 태도를 고친다면 매를 들 필요가 없겠지만, 정말로 자녀의 잘못을 바르게 가르치는 데 매가 필요하다고 생각이 되면, 사랑에 입각한 체벌을 가해야 합니다. 매를 들 때는 왜 매를 들게 되었는지 이유와 얼마만큼 체벌할 것인지 자녀에게 이야기한 뒤에 해야 합니다. 부모의 분노나 상한 감정을 보여 주는 수단이 되어서는 안 됩니다. 그리고 체벌한 다음에는 자녀를 안아 주며 죄에 넘어지지 않고 이겨 낼 수 있도록 용기와 격려를 나누어 주며 마무리해야 합니다.

자녀로 하여금 부모님이 자신을 징계하는 이유가 단순히 분노를 풀기 위해서가 아니라는 것을 느끼고 깨닫도록 이야기해 주세요. 엄마도 매를 드는 것이 마음이 아프고 힘들지만, 하나님께서 기뻐하시는 그리스도의 형상을 닮은 삶을 살기 위해서 매를 드는 것임을 꼭 이야기해 주세요. 체벌을 통해 오히려 부모님의 사랑을 느낄 수 있도록 진심을 담아 정직하게 가르치는 부모가 되길 바랍니다.

은혜를 나누기 위한 질문 & 제안

1. 아래의 말씀을 묵상하고서 성경적 훈육 방식을 내 자녀에게 지혜롭게 적용해 보세요.

   아이의 마음에는 미련한 것이 얽혔으나 징계하는 채찍이 이를 멀리 쫓아내리라 (잠 22:15)

2. 아이를 훈육하고 징계할 때 고민이 되었던 부분이 있나요? 공동체 구성원들과 어려움을 나누어 보세요.

3. 매를 들어 훈육하며 얻을 수 있었던 유익과 매를 들어 훈육하고서 부정적인 결과를 함께 나누어 보면서, 우리 아이에게 적절한 지혜로운 방법을 찾아 보세요.

Q.34. 가정예배 꼭 드려야 하나요?

| 일상과 신앙을 연결하는 고리 |

"새롭게 하소서" 방송에 출연한 배우 이하늬 씨의 간증을 보면서 저는 가정예배의 중요함을 다시 한번 깨달았습니다. 이하늬 씨는 매일 9시에 드렸던 짧은 가정예배를 통해서 어디를 가든지 예배를 드리는 삶을 살게 되었고, 하나님께 기도하는 삶을 살게 되었다고 고백했습니다. 그리고 삶의 어려운 순간순간 기억나는 것이 어릴 때 드렸던 가정예배 안에서 듣고 외웠던 말씀이었다고 이야기하며 가정예배의 중요성을 전했습니다. 그래서 연예인 생활을 하면서 순간순간 어려움을 딛고 일어설 수 있었다고 고백하는 모습을 보면서 가정예배의 중요성을 다시금 확인하게 되었습니다.

《아무리 바빠도 가정예배》 책을 쓰신 백은실 사모님은 매일 가정예배를 드리며 네 아이를 양육하고 있는 엄마이자 사모님이십니다. 이 책에서 가정예배는 신앙 교육에 열정적인 부모의 전유물이나 믿음의 가문에 주어지는 특권이 아니라고 이야기하면서, 남녀노소, 자녀 유무에 상관없이 예수 그리스도의 복음을 소유한 모든 가정이 마땅히 행해야 할 영적 행위라고 이야기합니다. 그래서 신앙 수준과 관계없이 사모하는 마음만 있으면 누구나 가정예배를 드릴 수 있고, 가정의 문화로 세워 갈 수 있음을 기억해야 한다고 강조합니다.[23]

우리는 가정예배가 믿음 좋은 가문에서만 이루어지는 특권이라는 고정관념과 무관심에서 벗어나야 합니다. 가정예배의 유익함은 셀 수 없이 많습니다. 가정예배는 자녀의 일상과 신앙을 연결하는 고리와도 같습니다. 오늘 하루 어떤 일로 마음이 기쁘고 또 어려웠는지 예배를 통해 마음을 알아 갈 수 있습니다. 그리고 그 안에서 하나님의 뜻을 기억하며 살아갈 수 있도록 힘을 얻는 시간입니다. 가정예배는 이렇게 가족이 한자리에 모여서 하나님의 일하심과 만지심을 기대하는 시간입니다. 이 시대에 무너져 가는 성경적 가치관을 자녀에게 전하고 나눌 수 있는 시간이죠. 가정예배 시간에 자녀에게 말씀을 통해 그리스도인의 자녀로 살아가는 이유와 방법에 대해 이야기할 수 있습니다. 하나님이 어떤 분이신지? 내가 왜 하나님의 자녀인지? 하나님의 자녀는 이 세상 가운데서 어떤 역할을 하며 살아가야 하는지 배울 수 있습니다. 우리 아이들의 삶의 기초를 말씀과 복음 안에서 튼튼히 세워 갈 수 있는 중요한 시간입니다. 가정예배 시간에 말씀만 가르치는 것이 아니라 실제적으로 필요한 성경적 성교육을 가르쳐 줄 수도 있

23 백은실, 《아무리 바빠도 가정예배》 (서울: 규장, 2021), 4.

습니다. 어린아이들이 좀 더 크면 말씀 안에서 하나님이 기뻐하시는 삶에 대해 진지하게 나눌 수도 있겠죠? 가정예배를 통해서 우리 자녀들은 하나님을 배우고 알아 갈 수 있습니다. 가정예배를 통해서 어린 아이부터 청소년기에 이르기까지 온 가족이 하나님의 은혜를 찬양할 수 있는 시간을 가질 수 있습니다.

| 엄마가 힘들어서 기도를 부탁할게 |

제가 마음이 힘들어서 남편과 아이들에게 기도를 부탁했습니다. 하나님의 자녀로서 복음의 정체성이 희미해져서 마음이 힘들 때였습니다. 누군가와 나를 비교하면서 '나는 왜 이렇게 능력이 없지?'라고 생각하며, 조금 더 잘하고 싶은 마음에 제 마음과 생각이 가난할 때였습니다. 남편에게 이유는 말하지 않고 기도를 요청했습니다. 사실 제 마음을 솔직하게 오픈하는 게 기도를 부탁할 때만 해도 어려웠습니다. 이런 마음을 가지고 있는 제가 부끄러웠기 때문이죠. 아이들과 남편이 제 주변을 둘러싸 둥글게 앉았습니다. 4세, 6세, 9세의 세 딸과 남편이 저를 위해 기도하기 시작했습니다. 저도 무릎을 꿇고 이런 제 마음을 아시는 주님께 기도를 드렸습니다. 고사리만 한 손으로 엄마를 위해 기도한다고 중얼중얼하는 아이들의 기도와, 제 마음은 잘 모르지만 아내의 힘듦이 가시길 바라는 마음으로 기도하는 남편의 기도를 통해 하나님께서 제 마음을 만져 주셨습니다.

하나님께서 주신 것에 감사하지 못하고 원망하고 불평했던 제 마음이 녹기 시작했습니다. 눈물로 하나님께 회개를 드리게 되었습니다. 가족들의 기도를 통해 하나님 앞에서 제 연약함을 회개할 수 있어서 감사했습니다. 머리로는 알지만, 마음으로 되지 않았던 것들이 함께 기도함으로 해결되었습니다. 아이들이 울며 일어서는 엄마를 보며 안아 주고 힘내라고 이야기하는 모습이 제게 너무 큰 힘이 되었습니다. 예수님이 주신 가족이 있어서 제일 먼저 감사가 회복되었습니다.

이후로도 가정예배를 드리며 엄마의 어려움을 위해 함께 기도해 달라고 부탁했습니다. 아이들은 아이들이 할 수 있는 한 최선을 다해 함께 기도해 주었습니다. 그리고 큰아이가 기도를 부탁하기 시작했습니다. "아빠 엄마, 저도 어려운 마음이 있는데요. 저를 위해 기도해 주세요." 아이들은 자신의 삶 가운데서 하나님의 도우심이 필요하다는 것을 금방 알아차렸습니다. 그리고 보고 배운 대로 가족들에게 기도를 요청했습니다. 가정예배는 자녀들에게 하나님께서 우리를 어떻게 도우시는지 보여 주고 나눌 수 있는 최고의 시간입니다.

| 유튜브보다 가정예배 |

하나님께서 원하시는 예배는 어떤 예배일까요? 가정예배는 왜 드려야 하는 걸까요? 바쁜 삶 속에서 하나님께 시간을 내어 드리는 것은 우리의 마음을 주님께 먼저 드리는 것과 같습니다. 다니엘은 포로로 잡혀갔을 때도 자신의 신분과 정체성을 잊지 않고 하나님께 시간을 내어 기도했습니다. 우리도 삶 속에서 우리의 정체성을 잊지 않고

살아가려면 하나님께 예배드리는 시간을 지켜야 합니다. 예배를 통해 우리의 정체성이 회복되기 때문입니다. 우리가 가정에서, 교회에서, 일터에서 예배를 드리는 이유는 우리의 정체성을 잃지 않기 위해서입니다. 예배를 통해 우리는 하나님의 백성이고 예수님의 핏값으로 다시 살게 된 자녀임을 기억하게 됩니다. 아브라함이 하란 땅을 떠나서 하나님이 예비하신 곳을 찾아다닐 때 그는 하나님을 만날 때마다 돌을 쌓고 예배를 드렸습니다. 하나님을 기억하기 위해서, 하나님께서 그에게 행하신 일을 찬양하기 위해서 말이죠.

이렇게 예배는 하나님을 기억하게 하고, 창조주이신 하나님 앞에서 우리의 모습을 돌아보게 합니다. 하나님 없이 살 수 없는 존재임을 기억하게 도와주죠. 가나안땅을 들어가기 전에 하나님께서 이스라엘 백성들에게 명령하신 것은 바로 하나님의 말씀을 자녀에게 가르치라는 것이었습니다. 대대손손 하나님을 기억하라고 명령하셨습니다. 그렇지 않으면 우상이 가득한 가나안 땅에서 이스라엘 백성들이 그들의 정체성을 지킬 수 없었기 때문입니다.

우리 아이들도 마찬가지입니다. 아이들이 살아가는 세상은 하나님을 가르치거나 하나님의 위대하심을 찬양하지 않습니다. 세대가 지나면 지날수록 선과 악의 기준이 없어집니다. 전에는 눈살을 찌푸리며 봤던 동성애도 이제는 권리와 존중의 이름으로 환대를 받습니다. 하나님의 창조도 믿음으로 받아들이면 안 된다고 가르치는 시대입니다. 이 시대는 점점 악해집니다. 그래서 우리 아이들은 초점을 하나님께 맞추고 정체성을 회복하는 시간이 필요합니다. 부모와 자녀가 함께 마음의 중심을 하나님께로 두는 시간, 선과 악의 기준을 진리인 말씀으로 세워 가는 시간이 바로 가정예배 시간입니다. 유튜브 영상을 1시간 보여 주는 것은 너무 쉽습니다. 그런데 가정예배 30분 드리는 것은 왜 이리도 어려울까요? 편하고 익숙한 방식으로만 하려고 하기보다 우리가 반드시 해야 할 일에 마음을 드릴 수 있길 바랍니다.

│ 매주 화요일 화목한 가정예배 시간 │

저희 가정은 2022년도부터 가정예배를 드리고 있습니다. 이전에는 매일 교회에서 예배를 드렸기에 가정예배의 필요성을 크게 느끼지 못하다가, 예배가 줄어들고 집에 있는 시간이 늘어나면서 아이들과 화목한 화요일에 가정예배를 드리기 시작했습니다. 저녁 먹고 7시가 되면 가정예배를 드리려고 거실에 모입니다. 매주 화요일에 가정예배를 드렸더니 아이들도 화요일은 가정예배를 날이라고 인식하고 있었습니다. 저희 부부가 가정예배를 드릴 때 가장 고민했던 부분은 아이들이 억지로 예배를 드리지 않고, 기쁘고 즐거운 마음으로 예배에 참여할 수 있도록 돕는 것이었습니다. 가정예배는 아이들이 좋아하는 찬양으로 시작됩니다. 율동도 하고, 찬양도 드리며 기쁘게 예배의 문을 엽니다. 말씀은 그때그때 다르지만, 성경 동화책을 읽으며 말씀을 전하기도 하고, 교리를 가르쳐 주기도 하며, 절기에 맞춘 설교를 하기도 합니다. 복음을 중심으로 말씀을 전합니다. 예배를 드리면서 아이들에게 질문을 하고 답하면서 스스로 하나님은 누구신지, 예수님은 왜 우리를 위해 죽으셨는지 복음을 묵상할 수 있게 도와줍니다. 성경 말씀을 통해 우리가 배워야 할 삶의 기본을 가르치고 나눕니다.

말씀을 전하는 이 시간을 통해 아이들도 부모의 권위에 대해 바르게 인식합니다. 왜냐하면 하나님께서 주신 권위로 말씀을 전하기 때문입니다. 온유하고 바르게 가르치면 자녀들도 부모의 권위에 순종하는 것이 신기할 뿐입니다. 또 온 가족이 함께 중보하며 기도드리는 시간을 갖습니다. 힘든 일이 있을 때, 중요한 문제를 놓고 어린아이들과 함께 기도를 드립니다. 아이들이 마음을 다해 기도드리는 모습을 볼 때 감동이 밀려옵니다. 그렇게 가정예배를 통해 아이들의 고민도 함께 나누며, 부족한 부분을 예수님께 같이 맡기며 자라 왔습니다. 예배를 통해 가정이 더욱 사랑으로 하나 되는 시간이 너무 감사했습니다.

이렇게 가정예배를 통해 복음이 흘러가는 것을 봅니다. 삶을 통해서도 전해지지만, 예배를 통해 전달되는 것들이 삶에 적용되기 때문이죠. 하나님께서 우리를 얼마나 사랑하시는지, 그 은혜와 기쁨을 자녀들과 함께 누리며 마땅히 가르쳐야 할 하나님의 말씀과 복음을 심는 시간이 바로 가정예배 시간입니다. 이 시간을 귀하게 만지고 누릴 수 있는 그리스도의 제자 된 가정들이 이 땅에 더욱 일어나길 소망합니다.

은혜를 나누기 위한 질문 & 제안

1. 가정예배를 드림으로써 얻는 유익이 무엇인지 생각해 보세요.

2. 아래의 말씀을 묵상하며, 하나님께서 어떤 자들을 기뻐하시며 찾고 계신지 생각해 바랍니다.

   아버지께 참되게 예배하는 자들은 영과 진리로 예배할 때가 오나니 곧 이때라 아버지께서는 자기에게 이렇게 예배하는 자들을 찾으시느니라 (요 4:23)

3. 우리 집 가정예배를 어떻게 드릴지 가족과 상의하고 계획하는 시간을 가져 보세요.

Q.35. 아이가 말씀을 읽고 기도하는 걸 어려워해요. 어떻게 도와줘야 할까요?

| 양치를 잘해야 하는 것처럼 |

밥을 먹은 뒤 3분 이내에 양치를 해야 충치를 일으키는 뮤탄스균을 잡을 수 있다는 것을 아시나요? 이를 썩지 않게 하려면 양치는 반드시 해야 하는 일입니다. 그러나 양치를 좋아하는 아이들이 있는 반면에 그렇지 않은 아이들도 있습니다. 양치를 싫어한다고 해서 하지 않아도 될까요? 그러면 이가 썩어 치과에 가서 힘든 치료를 경험해야 합니다. 치료 시기가 늦어질수록 비용도 많이 듭니다. 그런데 양치가 주는 유익을 알게 되면, 세 살짜리 아이도 양치를 하려고 마음을 고쳐먹습니다. 양치를 해야 이가 건강해지고 치과에도 가지 않는 사실을 아는 것이죠.

같은 원리로, 아이들이 말씀을 읽는 것이 즐겁지 않은 일이라고 생각할 수 있습니다. 본질을 알지 못하면 정말로 곤욕스러운 일이 될 수 있지요. 그러니 말씀을 통해 하나님을 알아 가는 것이 즐겁고 유익한 일이라는 것을 먼저 가르쳐 주어야 합니다. 자기 선택의 결과(유익)를 잘 알려 주면 아이도 (물론 어른도) 마음을 바꾸게 되어 있습니다.

따라서 그 유익과 함께 말씀의 본질인 복음을 가르쳐 주어야 합니다. 말씀만 이야기해 주고 해야 하는 것들만 가르쳐 주는 것이 아니라, 그렇게 행할 수 있도록 마음의 동력이 되는 말씀 안에 담긴 예수님의 사랑과 은혜를 전해 주세요. 내가 죄인임을 깨닫고 이런 나를 위해 십자가를 지신 예수님을 알게 되면 아이들의 마음에도 은혜가 차오릅니다.

말씀을 읽고 기도를 드리고 예배드리는 것을 우리는 신앙생활의 한 부분이라고 이야기합니다. 헌금을 드릴 때와 마찬가지로 신앙생활은 자원하며 기뻐하는 마음으로 하는 것이 가장 좋습니다. 그러려면, 우리 안에 먼저 복음의 기쁨이 회복되어야 합니다. 말씀을 읽으라고 하면 싫어할 것 같다고 생각하는 부모님의 마음속에 먼저 복음의 기쁨이 회복되길 소망합니다.

| 하나님께 말하듯이 |

주일 대표 기도를 준비하는 권사님과의 대화가 생각납니다. "사모님, 나는 아직도 대표 기도를 쓰는 게 제일 어려워요. 얼마나 지우고 쓰고를 반복하는지 몰라…. 하나님 앞에서 기도하는 것도 어려운데, 다 같이 모여 예배드리는 자리에서 대표 기도를 하는 건 너무 어

려워." 신앙의 연륜이 있는 어른도 어렵고 부끄러워할 수 있는 게 대표 기도입니다. 목사의 아내인 저도 사람들 앞에서 기도를 하라고 하면 긴장을 합니다. 그러니 아직 어린아이들이 기도하는 걸 부끄러워한다면 조금 기다려 주는 건 어떨까요? 대신 부모님이 일상생활에서 기도를 어떻게 하고 있는지 자주 보여 주세요. 사실 기도는 어려운 것이 아닙니다. 찬양이 '곡조 있는 기도'가 되기도 하고, 일상에서 느낀 우리의 '마음을 하나님께 고백'하는 것도 기도입니다. 꼭 무릎을 꿇고 오랜 시간 기도하는 것이 전부가 아님도 가르쳐 주세요. 삶을 살아가며 함께하시는 하나님과 동행하며 나누는 이야기가 바로 기도입니다.

저희 아이들은 이런 기도를 잘 드립니다. 예배를 마치고 집으로 돌아오는 길에 골목길에서 하는 기도입니다. "하나님, 저희 주차 자리 한 자리만 남겨 주세요!" 이 기도는 저희 부부가 주차 자리가 없어서 골목길을 계속 돌 때 입으로 내뱉었던 기도입니다. 그런데 기도를 하면서 가면 꼭 저희가 주차할 수 있는 한 자리가 남아 있었습니다. 그 한 자리를 찾을 때마다 다 같이 "하나님 감사합니다!" 하고 외쳤습니다. 이렇게 아이들은 기도를 보고 배웠습니다. 어느 날은 저희가 먼저 입을 떼기 전에 아이들이 시작합니다. "하나님, 저희 주차 자리 주세요" 하고요.

| 보고 배운다 |

아이 셋을 데리고 새벽 예배를 갈 수 없어서 막내가 어릴 때 세 아이들을 놔두고 남편과 함께 새벽 예배를 나간 적이 있습니다. 아이들

이 중간중간 깰까 봐 염려해서 주저하고 있었는데, 결단하며 기도를 드리자 놀라운 변화가 생겨났습니다. 제가 새벽 예배를 시작하고 얼마 지나지 않아 첫째 아이가 새벽에 일어나서 줌으로 새벽 예배를 드리고 말씀을 읽기 시작했습니다. 엄마가 하라고 한 것이 아닌데, 자기도 새벽 예배를 드리고 싶다며 일찍 일어나는 아이를 보면서 영적인 원리를 조금 알게 되었습니다. 아이들은 금방 배웁니다. 정말 잘 보고 배웁니다. 기도하는 부모님을 보며 아이들이 자연스럽게 '나도 하나님께 기도해야지'라고 배우며 따라갈 수 있게 도와주세요. '아! 하나님께 저렇게 기도하는 거구나'라고 하면서, 자녀는 부모의 모습을 따라 배웁니다.

가장 쉽게 기도를 배우는 것을 감사 기도로 시작해 보면 어떨까요? 매일 자기 전에 자리에 누워 하나님께 감사한 것, 부모님께 감사한 것을 생각하며 감사의 제목을 이야기하다 보면 자연스럽게 기도가 됩니다. 막내가 네 살 때 자기 전 언니들의 감사 기도를 들으면서 처음 감사 기도를 고백했던 때가 생각납니다. "가족이 있어서 감사, 맛있는 까까 주셔서 감사." 언니들의 18번 기도를 막내가 드디어 말로 뱉었던 날, 뭉클함과 감사함이 가득했습니다. 이 어린아이도 다 듣고 있었구나. 부모로서 말과 행동에 대해 더 책임감을 느끼게 되었습니다. 부모님이 가정에서 먼저 삶의 감사를 나누어 주세요. 아이들은 가정에서 나누는 은혜를 금방 알아차립니다. 은혜를 나누면 아이들도 마음을 열고 함께 은혜 안에 머물며 기도하는 아이들로 자라납니다.

은혜를 나누기 위한 질문 & 제안

1. 말씀을 통해 하나님을 알아 가는 것이 즐겁고 유익한 일이라는 것을 부모님이 먼저 느끼는 것이 중요합니다. 부모님이 하나님을 알아 감으로 받았던 은혜를 전해 주세요.

2. 하나님 앞에 솔직했던 다윗의 기도(시편 27편)를 읽으며, 어떤 마음으로 기도를 드리면 좋을지 아이와 함께 나눠 보세요.

   여호와는 나의 빛이요 나의 구원이시니 내가 누구를 두려워하리요 여호와는
   내 생명의 능력이시니 내가 누구를 무서워하리요 …

3. 매일 자기 전에 온 가족이 하나님께 감사한 기도 제목을 나눠 보세요. 아이들이 커서 매일 모이기 어렵다면, 카톡방이나 가정예배 시간에 나누어 보세요.

Q.36. 믿지 않는 배우자, 변하지 않는 제 자신을 보고 있으면 너무 괴롭고 힘들어요

| 마음 헤아리기 |

저희 친정아버지는 제가 중학생이 될 때쯤부터 교회도 예수님도 좋아하지 않으셨어요. 교회에서 보통 이렇게 말하죠? 핍박이 심해졌다고요. 지금은 좀 덜하시지만, 학창 시절 제가 교회에 가서 예배를 드리는 것도 싫어하셨고 교회에 간다고 험한 말도 많이 하셨습니다. 그런 환경에서 믿음의 1세대인 저희 어머니는 아버지의 핍박을 고스란히 막아 주는 방패 역할을 해 주셨습니다. 매일 핍박을 받는 시간이 계속되는 것이 어릴 때는 너무 힘들고 괴로웠습니다. 언제쯤 마음 편히 교회에 갈 수 있을까 참 많은 기도를 드렸습니다. 그런데 편하게 예수님을 믿을 수 없었던 그 시간들을 통해서 오히려 믿음이 생기고 예수님을 의지할 수 있는 계기가 되었습니다. 그래서 고난이 유익임을 오랜 후에야 깨닫고 감사하다고 고백할 수 있었습니다.

전에는 믿지 않는 아버지를 배려할 줄도 몰랐고, 마음을 헤아려 복음을 전할 용기도 내지 못했습니다. 가정 안에서 받은 상처와 불안이 그리스도인으로서 보여야 할 배려와 용기, 섬김을 내비칠 수 없게 했죠. 하지만 하나님께서는 은혜로 제 마음을 치유해 주셨고, 이제는 믿지 않는 아버지를 거리낌 없이 안아 드릴 수 있는 마음이 생겼습니다.

| 행함과 진실함으로 |

아버지를 위해 기도할 때의 일이었습니다. 늘 제 마음이 아픈 것만 하나님께 기도드리고 아버지를 변화시켜 달라고 기도했는데, 그날은 하나님께서 아버지의 마음이 어떤지에 대해 생각하게 하시고 기도를 이끌어 주셨습니다. 인간적인 제 마음으로는 그런 기도를 드릴 수 없었는데, 하나님께서 아버지의 마음을 들여다보게 하셨습니다. 외롭고 힘들게 자란 아빠의 마음, 어디도 기댈 곳 없이 힘겹게 서 있는 아빠의 영혼을 긍휼하게 바라보고 울 수 있는 마음을 허락해 주셨습니다. 그때 처음으로 아빠에 대한 미움과 원망보다 하나님께서 주시는 긍휼의 마음을 가지고 기도했던 기억이 납니다.

자녀에게 하는 신앙 교육도 중요하고 나의 신앙을 지키는 것도 중요하지만, 믿지 않는 배우자를 배려하고 사랑하는 것은 정말로 중요합니다. 신앙이 없는 배우자를 의식해서 자유롭게 복음을 전하기 어려울 수 있겠지만, 자녀나 배우자를 삶으로 섬기고 사랑하는 모습을 통해 복음은 반드시 보이고 전해집니다. 가정에서 믿는 사람과 믿지 않는 사람을 나누지 말고 서로 뜨겁게 섬기고 사랑하는 삶을 살아가세요. 우리가 입으로만 복음을 이야기하고 떠드는 것이 아니라 행함과 진실함으로 보여 줄 수 있는 그리스도인이 되길 소망합니다. 그럴 때 믿지 않는 자들의 마음에 비로소 복음이 전해집니다.

> 누가 이 세상의 재물을 가지고 형제의 궁핍함을 보고도 도와 줄 마음을 닫으면 하나님의 사랑이 어찌 그 속에 거하겠느냐 자녀들아 우리가 말과 혀로만 사랑하지 말고 행함과 진실함으로 하자 (요일 3:17-18)

| 괴로움을 느끼는 것도 은혜 |

괴로워한다는 것은 바뀌어야 할 것이 무엇인지 아는 사람에게 허락된 감정입니다. 자신의 잘못을 인정하지 못하면 변하지 않는 나를 보며 괴로워할 수도 없겠죠. 괴로워할 수 있음이 은혜입니다. 아이들을 말씀으로 양육하고 복음을 따라 살아가려고 노력한 지난 시간 동안 가장 큰 수혜자는 바로 저였습니다. 아이들에게 하나님을 알려 주고, 말씀을 들려주는 과정을 통해 하나님은 제일 먼저 제 안에 복음을 깊이 심어 주셨습니다. 입으로 말한 것을 제 귀로 들으며 믿음으로 자라나는 아이들만큼, 아니 그보다 더 제 믿음이 자라났고, 예수님을 더 깊이 이해하고 알아 갈 수 있었습니다. 예수님께서 보여 주신 십자가의 사랑과 은혜가 얼마나 큰 사랑인지 아이들에게 복음을 설명해 주면서 엄마인 제가 먼저 다시금 알게 되었습니다. 어느 때는 그 은혜가 커서 눈물로 성경을 읽어 주기도 했습니다.

그런데 또 동시에 삶이 말씀을 따라가지 못하는 괴로움도 함께 겪었습니다. 안다고 다 지켜지지 않았고, 깨닫는다고 바로 되지 않는 것이 나약한 인간임을 고백하게 되었습니다. 변화하는 과정인 성화의 시간이 쉽지는 않습니다. 쉽사리 변하지 못하는 나 자신을 바라보며 많이 정죄하고 힘들어했습니다. 그런데 복음을 깊이 묵상하며 말씀을 읽다 보니 변하지 않는 나 자신을 정죄하지도, 죄책감을 가지며 눌리지도 않고 자유하라고 말씀하시는 예수님을 만났습니다. 오히려 고통의 마음을 감사함으로 바꿔 주셨습니다.

수고하고 무거운 짐 진 자들이 내게로 오라 내가 너희를 쉬게 하리라
(마 11:28)

그러므로 이제 그리스도 예수 안에 있는 자에게는 결코 정죄함이 없나니 이는 그리스도 예수 안에 있는 생명의 성령의 법이 죄와 사망의 법에서 너를 해방하였음이라 (롬 8:1-2)

| 성화의 과정 |

예수님은 지금도 끊임없이 죄를 짓는 우리를 위해 인내하고 기다리시는 분이십니다. 예수님께서 우리에게 보여 주셨던 용서와 사랑, 용납과 온유함을 자녀에게 보여 주며 살아가다 보면 정죄와 죄책감이

아니라, 진리 안에서 자유함을 누리며 온전히 사랑할 수 있는 삶을 조금씩 알아 가게 됩니다. 죄인인 나를 구속하신 그 사랑이 너무나도 커서 자녀에게 어떻게 이 은혜를 흘려보낼 수 있을까 고민하게 되는 날이 옵니다. 이것이 하나님의 은혜입니다. 이 은혜를 흘려보내는 것이 바로 신앙 교육입니다.

성화의 과정 중에는 웃는 일만 있을 수 없습니다. 아이가 자랄 때 성장통도 겪고 넘어지기도 하며 크듯이 우리가 예수님의 성품을 닮은 제자가 되기 위해서는 눈물 나는 날도, 넘어지는 날도 있기 마련입니다. 비 온 뒤에 땅이 굳어지듯 오히려 그 시간이 예수님 앞에서 더 단단해지는 시간임을 잊지 않길 바랍니다.

이러므로 우리에게 구름같이 둘러싼 허다한 증인들이 있으니 모든 무거운 것과 얽매이기 쉬운 죄를 벗어 버리고 인내로써 우리 앞에 당한 경주를 하며 믿음의 주요 온전하게 하시는 이인 예수를 바라보자 그는 그 앞에 있는 기쁨을 위하여 십자가를 참으사 부끄러움을 개의치 아니하시더니 하나님 보좌 우편에 앉으셨느니라 (히 12:1-2)

은혜를 나누기 위한 질문 & 제안

1. 히브리서 12장 1-2절의 말씀을 통해 성화의 의미를 기억하며 예수님을 닮아 가는 과정을 은혜로 누려 보세요. 하나님께서는 우리 삶의 한 부분도 버리지 않으심을 잊지 마세요.

2. 예수님을 믿지 않는 가족 구성원에게 가장 필요한 것이 무엇인지 생각해 보고, 사랑으로 그 필요를 채우는 시간을 가져 보세요.

Epilogue
에필로그

　얼마 전, "누군가의 아픔 뒤에는 사명이 숨겨져 있다"라는 이용규 선교사님의 설교를 우연히 듣게 되었습니다. 하나님은 우리의 결핍과 아픔과 부담을 당신의 재원으로 사용하신다는 말씀을 듣자, 제 마음과 눈에 눈물이 맺혔습니다. 인생을 그리 오래 살지는 않았지만, 그동안 아픔 뒤에 숨겨져 있는 사명을 찾는 일이 제게는 어렵고 힘든 일이었기 때문입니다. 그런데 돌아보니 이 아픔과 결핍이 없었다면 사명을 따라 사는 인생도 없었을 것이라는 생각이 들었습니다.

　본가에서부터 결혼 후 저희 가정이 지나온 길을 돌아보면서 한 사람, 그리고 한 가정을 복음으로 세우는 일이 큰 기업을 세우는 것만큼 더디고 어려운 일이라는 것을 깨달았습니다. 동시에 연약하고 죄 많은 우리를 세우기 위해 예수님께서 얼마나 많은 노력을 하고 계시는지 가늠하기가 어려웠습니다. 자녀 양육이 힘들 때도 있지만 예수님도 우리의 구원을 여전히 이루어 가고 계시니, 저도 예수님을 따라 사명을 이루자는 다짐을 또 한번 내뱉게 되었습니다.

이 책을 집필하기로 했을 때, 그때는 이 일을 조금 쉽게 생각했습니다. 하나님이 제 삶을 통해 하신 일들이 놀라웠기에 글로 풀어내기만 하면 된다고 생각했습니다. 마치 육아가 처음인 엄마가 '아이를 낳는 게 무섭고 두렵지, 키우는 건 어렵지 않을 거야'라고 생각하는 것과 같은 것이었습니다. 그런데 작년부터 몇 개월간, 책을 집필하는 것을 쉽게 생각했던 것이 제 교만이었음을 깨달았습니다. 하나님께서는 책을 쓰는 동안 제 안에 비본질적인 것은 버리게 하셨고 본질만을 남겨 주셨습니다.

남겨진 본질은 자녀에게 복음을 바르게 전하고 진실되이 살아가는 삶, 그리고 하나님께서 연약한 제 삶을 통해 하신 일을 온전히 전하는 것이었습니다. 저는 세 아이를 키우면서 사랑을 다시금 배웠습니다. 나를 향한 하늘 아버지의 마음도, 낳아 주시고 키워 주신 부모님의 마음도 알아 가게 하셨습니다. 자녀를 양육하며 깨어진 부모님과의 관계도 회복해 주고 계십니다. 무엇보다 자녀 양육을 통해 하나님은 제가 그저 당신을 온전히 사랑하고 받은 사랑을 자녀에게 흘려보내 주길 원하신다는 것을 깨닫게 되었습니다. 이를 통해 하나님께서 지으신 그대로 나 자신을 사랑하고 다른 사람을 사랑하는 법을 가르쳐 주셨습니다. 하나님은 죽기까지 우리를 사랑하신 예수님의 사랑이 무엇인지 자녀 양육을 통해 깨닫게 해 주셨고, 제 삶의 본질을 바르게 정비해 주셨습니다. 이렇게 자녀 양육은 부모인 저를 먼저 복음으로 이끄는 하나님의 탁월한 훈련 방법이었습니다.

첫째 아이를 키우며 둘째는 절대 낳지 않을 거라고 말할 만큼 자

녀 양육이 힘들고 버거웠습니다. 거기에다가 믿음 있는 부모이자 사
모로서 신앙 교육에 대한 부담도 가졌습니다. 감사한 의무와 책임감
을 가지고 출발했지만, 율법적으로 가르치면서 자녀를 정죄하고 나
를 옥죄는 도구가 되고 있다는 것을 나중에야 깨달았습니다. 이를 알
고 돌이키는 것도 깨닫지 못했다면 정말 끔찍한 일이었을 텐데, 주님
의 은혜로 복음으로써 자녀들을 잘 양육할 수 있게 방향을 교정해 주
셨습니다.

　많은 믿음의 부모님들이 열정을 가지고 신앙 교육을 시작하지만
얼마 가지 못해 또 여러 가지 이유로 주저앉습니다. 자녀들을 성경적
으로 키운다는 것이 무엇인지, 복음으로 양육하는 것이 어떤 것인지
알기도 전에 버거워서 자포자기합니다. 복음으로 자녀를 양육해 나가
는 것이 어렵고 긴 여정임을 알기에, 부족하지만 제가 겪은 시행착오
를 나누고 싶었습니다. 가시가 있어 까기 어려운 밤송이를 가시에 찔
리지 않고 잘 깔 수 있도록 돕고 싶었습니다. 이것이 제가 이 책을 끝
까지 마무리할 수 있었던 유일한 이유였습니다.

　책을 쓰다 접다 몇 개월을 씨름했습니다. 저의 연약함과 부족함에
힘든 시간이었지만, 더욱 하나님의 능력이 필요함을 기도하면서 한
장 한 장 써 내려갔습니다. 이 책이 나올 수 있음이 하나님의 은혜였
음을 고백합니다. 부디 예수님께서 함께 걸어 주신 제 삶의 이야기를
통해 각자의 삶 속에서 함께하시는 예수님을 더욱 붙잡고 복음 앞에
견고하게 교회와 가정을 세울 수 있기를 바랍니다. 한국 교회의 다음
세대가 복음에 견고한 부모를 통해 가정 안에서 세워지길 소망합니

다. 이 책이 복음 안에서 자녀를 양육해 나가는 데 디딤돌 같은 역할을 할 수 있기를 간절히 기도합니다.